KAFÛ

Le Bambou nain

Roman traduit du japonais
par Catherine Cadou

Éditions
Philippe Picquier

DU MÊME AUTEUR
AUX ÉDITIONS PHILIPPE PICQUIER

Du côté des saules et des fleurs, poche n° 5.
Interminablement la pluie, poche n° 20.
Chronique d'une saison des pluies, poche n° 72.

PUBLIÉ EN COLLABORATION
AVEC LA FONDATION TOZAINAMBOKU

Titre original : *Okame zasa*

Le Mas de Vert
BP 150
13631 Arles cedex

En couverture : Estampe d'Utamaro

Conception graphique : Picquier & Protière

ISBN : 2-87730-398-5
ISSN : 1251-6007

Il est certes détestable de trop s'arrêter sur le titre d'un roman, mais il est encore plus détestable de n'y accorder aucune importance. Pour ce qui est de l'œuvre présente, elle devait, dans un premier temps, être publiée en dix livraisons à paraître dans la revue mensuelle Chuo Koron, *à partir du numéro de janvier 1918, mais je n'avais trouvé aucun titre qui me plût. Serait-ce* Le Disciple, *ou* Le Rapin *ou bien encore seulement le prénom du personnage principal* Kyoseki… ? *J'y réfléchissais en vain quand, jetant mon pinceau, je sortis dans le jardin au moment où le jardinier s'occupait à recouvrir cette espèce de palmier nommé Cycas pour le protéger des gelées hivernales ; oubliant pendant quelque temps mon roman, je l'apostrophai :*

— Où en êtes-vous avec le petit bambou que je vous ai demandé l'autre jour ? Vous savez, ces bambous sauvages qui foisonnent le long des remblais ou des escarpements… Si on en transplantait un au pied de cette palissade, son charme rustique serait certainement du plus bel effet.

Avec la mine de celui qui vient de se souvenir, l'autre répondit :

— Ces bambous nains ? Je me demande ce que vous leur trouvez à ces feuilles tout juste bonnes à servir de présentoir aux patates décoratives du marché aux râteaux de la Félicité.

On pouvait voir à son air qu'il n'avait toujours pas l'intention de s'en préoccuper. A ce moment précis, une voix forte retentit : « C'est la date limite pour la remise de votre manuscrit; je suis venu en prendre livraison ».

Je n'avais plus le temps de réfléchir; encore sous le coup de l'étrangeté du terme utilisé par le jardinier, j'inscrivis en toute hâte Le Bambou nain *en tête des pages que je remis aussitôt à l'éditeur.*

À la réflexion, le bambou est l'élégance même. Et pourtant, tout bambou qu'il fût, ce « bambou nain » qui croît et prospère, tel les mauvaises herbes, en bordure des clairières ou des sentiers est, lui, piétiné, arrosé d'urine, pitoyable au point de ne retenir la moindre once d'attention du jardinier quand un bonhomme obstiné désire le planter chez lui au nom d'un esthétisme affecté.

N'en va-t-il pas de même pour cette mienne œuvre ? Et d'ailleurs, du point de vue de l'histoire de son héros, ce titre n'est nullement extravagant. De tout ceci, je ne me suis aperçu qu'ultérieurement, si bien qu'au printemps de cette année 1920, quand il m'a fallu revoir mon ancien manuscrit dans la perspective de sa publication sous forme de livre, j'ai décidé d'en conserver le titre original Le Bambou nain.

NAGAI KAFÛ,
février 1920.

I

Avec pour seule indication l'adresse à Fujimi-cho, telle rue, tel numéro, et par ailleurs une expérience limitée des quartiers de la haute ville, celui qui se rendait pour la première fois au domicile d'Uzaki Kyoseki risquait fort, surtout par nuit noire, d'être désorienté et de se demander s'il ne s'agissait pas d'une maison de rendez-vous, au reste semblable à toutes celles du voisinage. Pourtant, la demeure d'Uzaki n'était pas d'un aspect particulièrement attrayant ou élégant : deux ou trois bambous-flèches clairsemés, un édifice banal à étage et un portail de petite taille ; à la lumière du jour, on voyait une maison de location plutôt sale et usée par le temps où, par-delà la porte à claire-voie, apparemment peu nettoyée, traînaient des socques de bois maculées de boue, semées sur place par leur propriétaire. En fait, légèrement en retrait par rapport à la grand-rue où passaient les tramways, ce quartier avait fini par ne compter presque uniquement, en dehors de la demeure d'Uzaki, que des alignements de maisons de geishas ou de petites maisons de rendez-vous. Et encore, seules deux ou trois bâtisses y avaient été reconstruites pour servir à ce commerce ; quant aux autres, ce n'étaient, pour la plupart, que de vieilles maisons habitées à l'origine par des gens ordinaires dont on avait, tout au plus, changé le nom inscrit sur le panneau lumineux de l'entrée. Comme il en existait même certaines dont on pouvait se demander, en voyant au premier étage les papiers des fenêtres déchirés et restés tels quels, si elles recevaient vraiment de la clientèle, pour ce qui était de la demeure dégradée et sordide d'Uzaki, ce n'était pas sa saleté qui retenait l'attention. Si on pouvait la prendre par erreur pour une maison de rendez-vous, ce n'était pas à cause de son élégance ou de son extravagance, mais, très bizarrement, de sa malpropreté bien dosée.

Agé d'environ quarante ans, le maître de maison avait les cheveux coupés ras, ce qui expliquait peut-être son absence de cheveux blancs, mais son front étroit était déjà ciselé de profondes rides. De petite taille, il était par contre solidement bâti. Avec son teint foncé, ses grands yeux et ses joues creuses, sa moustache et ses sourcils proéminents, son visage, ainsi marqué de zones d'ombre, offrait inexplicablement une apparence ratatinée, comme s'il avait été écrabouillé par une force venue d'en haut. Sur un kimono de coton délavé aux dessins clairsemés, sa ceinture molle de mousseline de soie marine usée jusqu'à la corde était nouée négligemment dans le dos et ses jambes, largement croisées en tailleur, non seulement exhibaient leurs poils, mais laissaient presque entrevoir le fond de son cache-sexe. Un pot de terre près de lui, Uzaki appliquait avec ardeur un produit de glaçage sur une toile de soie tendue sur un cadre quand, effleuré au visage par les derniers rayons de soleil qui éclairèrent peu à peu la fenêtre toute proche, il se leva péniblement avec une grimace. Sans même se préoccuper de baisser le store de bambou de la pièce du premier étage, il s'accroupit et se mit à regarder par la fenêtre en arrondissant encore plus ses grands yeux.

A l'aplomb de celle-ci, un bosquet de jeunes chênes jouait les paravents pour dissimuler le petit jardin de la maison de rendez-vous mitoyenne. Jusqu'au printemps de cette année-là, plus précisément jusqu'à la fête du Souvenir des morts au champ d'honneur, y habitait un employé d'une compagnie d'assurances ou d'autre chose, mais après un déménagement pour le moins hâtif, on y avait installé l'établissement actuel, la Meigetsu. Face à la fenêtre du premier étage dotée d'une balustrade, de l'autre côté de la rue, sur un terrain surélevé, se profilait l'arrière du domaine de la très ancienne famille Untel, clôturé d'un robuste mur de pierre, lui-même rehaussé d'un solide mur de pisé, au-delà duquel les massifs de cyprès du Japon et de cerisiers de Yoshino étaient dominés par un très grand arbre, d'un âge apparemment vénérable, un micocoulier peut-être, dont le branchage se déployait jusqu'au beau milieu de la chaussée. A l'extrémité du mur de pierre, là où le terrain s'affaissait brutalement, la succession désordonnée des débits de tabac, loueurs de pousse-pousse, marchands de patates et autres blanchisseries donnait une idée de la désolation des faubourgs de la haute ville.

Dans le micocoulier du domaine, les cigales avaient, un beau jour, raréfié leurs stridulations ; le mois de septembre était déjà entré dans sa deuxième quinzaine, mais, depuis deux ou trois jours, une chaleur moite était soudain revenue et, sous les derniers rayons brûlants du soleil couchant, la rue était déserte. Les portes à claire-voie des maisons de geishas du voisinage restaient closes et on n'entendait ni voix de femmes ni bruits de socques. Juste sous la fenêtre, dans la maison de rendez-vous, on apercevait seulement une servante nouvellement venue de sa campagne qui, le kimono retroussé, frottait avec ardeur le plancher de la véranda. Retourné s'asseoir en tailleur devant l'alcôve, hors d'atteinte des rayons du soleil déclinant, Uzaki frappa dans ses mains.

S'essuyant les mains sur un tablier de calicot blanc crasseux, en tenue de ménagère, avec les manches de son kimono ficelées dans le dos, une femme maigre et de grande taille apparut; selon toute apparence, son épouse. Peu abondante, sa chevelure coiffée en chignon fait à la maison affichait le plus grand désordre; son front bombé et ses dents en avant lui donnaient un visage chevalin; elle avait non seulement dépassé l'âge du teint éclatant, mais elle attachait manifestement si peu d'importance à son apparence qu'elle donnait l'impression d'être nettement plus âgée que son mari.

D'un ton entendu, Uzaki :

— O-Kei, je dois aller au Ryokuindo, à Komagata. Prépare-moi mon dîner de bonne heure.

— Quelle heure peut-il bien être ?

— Plus de quatre heures, je pense.

Tortillant sa moustache et fronçant les sourcils, Uzaki se contentait de regarder les rayons du soleil couchant sur les tatamis.

— Malheureusement, je n'ai pas encore fait les courses aujourd'hui.

Apparemment fatiguée, O-Kei s'assit lourdement sur le bord de la fenêtre.

— Ne restait-il pas des patates douces, ce midi ? Et le saumon, il n'y en a plus ?

— J'avais peur que ça ne s'abîme. J'ai tout fini.

— Dis donc, les patates primeurs sont encore très chères. On les sert dans les restaurants. Je ne saurai tolérer que tu en fasses ton ordinaire inconsidérément.

— Il y a des œufs et des épinards ; je pourrais les accommoder…

L'air agacé, Uzaki :

— N'importe quoi fera l'affaire. Pourvu que ça aille vite !

— Bien.

Alors qu'elle allait se relever, l'épouse remarqua, comme si elle venait de s'en apercevoir :

— Le soleil inonde totalement cette pièce !

Réprimant un bâillement, Uzaki :

— Et si j'allais au bain maintenant ? Je pourrais emmener Shotaro. Il est à la maison ?

— Je ne sais pas ce qu'il fait aujourd'hui. Il n'est pas encore rentré de l'école.

— Ah bon. Dans ce cas, j'irai avec Tamaji.

— Ces temps-ci, même Tamaji n'écoute plus ce qu'on lui dit ; il est devenu incontrôlable. Pendant que je vaque à mes occupations, il se faufile en cachette dans la maison, jette son cartable dans la cuisine et s'en va jouer. Depuis qu'ils ont lié amitié avec les enfants des maisons de geishas par-derrière chez nous, je ne peux plus rien faire d'eux. Tenez, hier soir par exemple, aucun des deux n'était de retour à l'heure du dîner. Si vous ne les réprimandez pas sévèrement dès maintenant, je n'en viendrai jamais à bout.

Tout en dévisageant d'un air perplexe O-Kei qui s'était tout à coup mise à parler en découvrant de manière peu esthétique ses dents proéminentes, Uzaki laissa tomber :

— Je sais, il va falloir penser à déménager, c'est ça ?

Soudain revigorée, O-Kei sembla aussitôt oublier les contingences culinaires et, s'asseyant sur le tatami :

— S'il y avait une maison à louer dans le voisinage de la résidence, ce serait bien. Ce serait pratique pour vous et, quant à moi, je pourrais y aller de temps à autre pour un coup de main, comme je le faisais autrefois.

— Par là-bas, ce ne sont que vastes demeures. Pas le genre de maison que nous puissions louer.

— Comme vous voudrez. Cependant, il est fort déplaisant de venir ici même pour ceux qui y sont obligés. Lors de sa visite du jour de l'an, votre jeune frère, du régiment Sakura, n'a-t-il pas dit qu'avec son uniforme il était gêné d'emprunter notre rue au point de ne plus vouloir y passer ? Depuis lors, c'est-à-dire en un rien de temps, la situation a encore empiré. Voyez l'installation de cette maison de rendez-vous juste à côté.

— C'est vrai qu'on se sent un peu dépassé. Le seul à venir nous voir de bon cœur est le jeune maître… Ha, ha, ha !

— Tout pour vous n'est que plaisanterie, prétexte à rire, mais justement, puisque vous en parlez, s'il lui arrivait la moindre chose pouvant prêter à confusion, comment nous excuser auprès des siens, à la résidence ?

Soudain, la voix criarde de la servante de la maison voisine retentit :

— On fait actuellement le ménage au premier.

Elle montrait manifestement les lieux à un client.

— Des geishas ! Des geishas ! Fais-en venir deux ou trois !

A en juger par sa voix rugissante, le client semblait avoir déjà passablement bu ailleurs.

— En tout cas, les affaires semblent prospères. C'est étonnant ! dit Uzaki, en se tortillant la moustache.

Atterrée, O-Kei redescendit à la cuisine avec un soupir. Uzaki se releva, lui aussi, et prit la menue monnaie pour le bain public dans le tiroir de la table ; s'étant étiré, il jeta un dernier coup d'œil méprisant sur la maison d'à côté et s'engagea finalement dans l'escalier pour descendre.

Uzaki savait bien qu'il devrait déménager tôt ou tard mais, comme cela faisait déjà bientôt dix ans qu'il avait usé cette demeure, talonné qu'il était par les tâches quotidiennes, il finissait toujours par laisser les choses en l'état. Pendant de nombreuses années, il avait d'abord vécu comme homme à tout faire chez le peintre Uchiyama Kaiseki, commissaire des arts de la cour impériale, qui possédait une propriété dans le quartier chic de Naka-Rokuban-cho, mais, vu qu'il n'était plus tout jeune, il avait, par l'entremise du maître, épousé O-Kei qui, elle aussi, avait travaillé fort longtemps pour la même famille et cette maison était la première qu'il ait jamais eue. A l'époque, il existait bien dans la ruelle, dans la portion proche de la grand-rue qui longeait le sanctuaire pour les soldats morts à la guerre, deux ou trois bâtisses ressemblant à des maisons de rendez-vous, mais le son du shamisen se faisait rarement entendre et elles n'étaient pas vraiment tape-à-l'œil. Désireux de ne pas trop s'éloigner de la résidence de maître Kaiseki à Rokuban-cho, Uzaki parcourait à pied toutes les ruelles du voisinage en quête d'une maison à louer, quand il fut frappé par le mur de pierre et la densité des arbres de la propriété de M. Untel qui se déployaient maintenant devant ses yeux ; même si la maison n'était pas bien exposée, elle était située dans une ruelle de derrière extrêmement calme, donc parfaite pour travailler ; comme elle avait de plus un portail, fort modeste toutefois, et un loyer très modéré de huit yens, il l'avait retenue avec allégresse. Son fils aîné, Shotaro, était né l'année suivante, et, deux ans plus tard, ce fut le tour du cadet, Tamaji. Jusqu'à cette époque-là, quand tombait la nuit, le calme environnant était presque lugubre au point que, certaines nuits d'hiver, O-Kei avait été terrifiée par les chuintements des chouettes habitant les frondaisons de la propriété d'en face.

C'est aussi à cette époque-là qu'une de ses œuvres avait, pour la seule fois de sa carrière, figuré au salon officiel patronné par le ministère de l'Education nationale. Cela ne se renouvela jamais. Il ne manqua pourtant pas d'envoyer ses productions aux cinq ou six salons suivants, mais elles furent immanquablement refusées. S'il en était ainsi, malgré l'appui dont il disposait au sein du jury en la personne de maître Uchiyama, il y avait de quoi être découragé et il perdit peu à peu de son énergie ; comme, par ailleurs, les enfants grandissant, la vie devenait de plus en plus difficile, il finit par renoncer à tout travail pour des expositions car, même au cas où l'une de ses œuvres aurait été retenue, si elle ne rencontrait pas d'acheteur, son temps et ses frais en matériel auraient été dépensés en vain ; c'est ainsi qu'il renonça à toute idée de célébrité. En fait, né dans la famille d'un fonctionnaire au salaire extrêmement modeste, Uzaki n'était pas devenu peintre de son plein gré. Conscient du fait qu'il ne pourrait envoyer à l'université ni sa fille ni ses trois fils, dont Kyoseki était l'aîné, son père avait décidé qu'après leurs études secondaires menées dans des établissements publics, ses trois garçons deviendraient militaires – avec de la chance, ils pourraient ainsi accéder aux postes de Premier ministre ou de préfet de police – et sa fille irait à l'Ecole normale. Effectivement, le puîné, devenu capitaine d'infanterie, servait dans le régiment Sakura, tandis que le cadet avait été promu très rapidement aspirant de marine ; malencontreusement, seul refusé à l'examen médical de l'armée, l'aîné Kyoseki tenta d'entrer à l'école de la marine marchande, mais il fut également ajourné. A l'Ecole normale supérieure, il fut recalé à cause des matières scientifiques. C'est à ce moment-là que, par l'entremise d'un certain bienfaiteur, il s'installa chez maître Uchiyama pour y vivre à ses dépens ; au fil des ans, il y apprit la voie de la peinture et finit par en faire sa profession. A l'époque où, se penchant sur son passé et ressentant cruellement son manque de talent artistique, Uzaki allait finalement plonger dans le gouffre du désespoir, le quartier des saules et des fleurs de Fujimi connut l'affluence du matin au soir et commença d'empiéter sur tout le voisinage de sa demeure. C'en fut fait du calme originel des ruelles désertes. Pour se rendre au bain, les geishas allaient et venaient, vêtues en plein midi de leur seul kimono de nuit noué d'une simple ceinture étroite sur lequel elles avaient juste enfilé une veste courte. Passant devant les maisons sans établir de distinction entre portail d'entrée ou porte de service, elles débitaient à voix haute des histoires d'une telle indécence qu'elles en étaient gênantes pour l'auditeur involontaire ; à tel point qu'au début, pas encore habituée, O-Kei hésitait à sortir pour faire les courses ou aller au bain.

Entre-temps, le loyer avait augmenté par deux fois d'un yen pour s'élever maintenant à dix yens. Le propriétaire savait qu'en louant les lieux pour en faire une maison de geishas, il n'aurait aucune peine à trouver un acquéreur prêt à payer douze ou treize yens ; il guettait donc impatiemment l'occasion de relever encore un peu plus le montant du loyer. Mais, si Uzaki avait pris la décision de déménager tôt ou tard, c'était aussi pour une autre raison : la propriété de maître Kaiseki à Naka-Rokuban-cho avait été rachetée par la ville qui avait entrepris d'élargir la rue à sept mètres dans le cadre d'une opération d'urbanisme. Le maître avait alors cherché un terrain à bâtir du côté de Yoyogi et même dans une banlieue proche mais s'était finalement décidé pour le quartier de Shiba-Shirogane où, après avoir consacré une bonne année à la construction, il venait, cet été-là, avec l'apparition du feuillage nouveau, de donner une brillante réception pour fêter son emménagement. Même s'il n'habitait plus chez maître Uchiyama, Uzaki continuait d'y jouer le rôle d'intendant, comme à l'époque où il y avait ses pénates.

II

Traînant ses socques de bois qui semblaient avoir été déposées là par la marée montante, il fut bientôt sur le pas de sa porte, prêt à partir au bain, une vieille serviette à la main.

— Hé, dis, Uzaki !

Uzaki se retourna :

— C'est vous, fiston !

Tout sourire, il inclina légèrement la tête.

— Tu vas au bain ?

— Ça n'a pas d'importance.

— Bon, aujourd'hui, je dois t'entretenir sérieusement.

— Vraiment ?

Continuant de sourire, Uzaki regarda le visage du fiston.

Coiffé d'un panama, ledit fiston avait un costume de serge blanc, des souliers bas, blancs également, et une grosse canne accrochée au bras ; c'était un homme d'une trentaine d'années, de haute taille et de belle prestance. Sa corpulence se manifestait non seulement par son ventre proéminent mais aussi par son visage tout rond, au teint si coloré qu'on pouvait se demander s'il n'était pas aviné et ses joues si remplies qu'elles faisaient paraître ses yeux encore plus étroits, comme ceux des éléphants ; dévorant ce visage, son gros nez aux ailes écartées attirait aussitôt le regard. C'était le fils unique de maître Kaiseki, Kan. Fumant un cigare à grosses bouffées qu'il rejetait avec panache, son attitude éclatait de vanité mais c'est d'une voix mielleuse qu'il déclara :

— Ne ricane pas comme ça ! Si tu veux aller au bain, vas-y donc ! Je t'attendrai chez toi.

— J'irai plus tard. En fait, je dois aller à Asakusa pour affaire, mais j'ai encore le temps.

— Tu vas à Asakusa ? Dans ce cas, faisons un bout de chemin ensemble. On pourra parler tranquillement. Il vaut mieux que ta femme n'entende pas.

— Ah, vraiment ?

— Je t'ai dit que c'était sérieux. Arrête de rire comme ça. C'est au sujet de mon *hyménée*... je t'attends à l'arrêt du tram. Dépêche-toi. C'est d'accord ?

Aussitôt dit, le grand fiston partit prestement à grandes enjambées. Avec l'air de se dire qu'encore une fois ça se présentait mal, Uzaki lança depuis la porte à claire-voie :

— O-Kei ! Plus la peine de me faire à dîner.

— Comment ? Que se passe-t-il ?

— Le fiston m'a embarqué.

Pénétrant dans la maison, il défit sa ceinture :

— Il veut me parler. Je l'écouterai en route. Il m'attend sur la grand-rue. Donne-moi vite un kimono.

La mine stupéfaite, O-Kei dévisagea son mari, mais, comme il s'agissait malgré tout du jeune maître, elle n'osa pas, semble-t-il, protester et c'est en silence qu'elle sortit du tiroir de la commode un surtout de gaze de soie parfaitement démodé, un kimono de cotonnade usé par les lavages et une ceinture roulée en pongé.

— Je vais mettre un surplis. L'habituel, en serge.

Ses préparatifs achevés, Uzaki se hâta de rejoindre la grand-rue. Dès qu'il l'aperçut, Kan, qui était sous les cerisiers plantés dans l'ancien manège devant le sanctuaire de Yasukuni, s'approcha en faisant tournoyer sa canne :

— Tu as fait très vite. Marchons jusqu'en bas de la pente. Où vas-tu à Asakusa ?

— Je vais jusqu'à Komagata.

— Ah bon ? Ecoute, il est un peu tôt, mais on pourrait manger un morceau par ici. Moi, je dois aller dans une autre direction, du côté de Hakusan.

— Cette direction n'aurait-elle pas un lien avec la question qui vous amène ? J'ai raison ?

— Pas mal deviné. Ha, ha, ha ! J'aurais dû te la présenter, mais quand je t'invite, tu t'arranges toujours pour t'esquiver adroitement.

— Ha, ha, ha ! Cette fois, c'est quel genre de femme ? Une geisha ?

— Quelque chose comme ça.

— Si c'est une geisha, c'est plutôt simple à traiter. L'affaire est-elle donc si embrouillée ?

Avant même d'avoir écouté les tenants et les aboutissants de l'histoire, Uzaki l'abordait, depuis le début, sur le ton de la négociation. Tout gâté qu'il ait été, le fiston en semblait un peu décontenancé :

— Ecoute, cette fois, il ne s'agit pas précisément de rupture. Le problème est plus compliqué.

Arrivés au bas de la colline de Kudan, ils entrèrent dans une gargote du quartier de Jinbo spécialisée dans la viande de bœuf. Chaque fois que Kan venait pour une urgence d'ordre privé, c'était immanquablement pour une affaire de femme ; voilà pourquoi, au vu des apparences, Uzaki avait immédiatement émis des hypothèses. Kan avait eu trente ans cette année ; après avoir régulièrement échoué une année sur deux aux examens de la faculté de droit, il avait fini par décrocher cette année-là son diplôme de fin d'études, mais n'ayant, bien entendu, pas trouvé d'emploi, il ne faisait, encore maintenant, que baguenauder. Grand buveur et cavaleur, il s'était à maintes reprises brûlé les doigts avec des femmes ; à sa demande, Uzaki s'était, chaque fois, entremis pour arranger les choses.

Ça avait commencé un an après son entrée à l'université ; ayant mis enceinte la fille du patron d'un restaurant occidental situé sur la rue de Sanbancho, à côté de la résidence de son père, et ne sachant comment régler l'affaire, il s'en était ouvert à Uzaki. Ce ne fut qu'un début ; il y eut, par la suite, la servante d'une gargote et une prostituée nommée Yatona. Pour ce qui est de la servante, à laquelle Kan aurait ou n'aurait pas fait cadeau d'un kimono et même d'une bague, il avait fallu négocier des dommages et intérêts. Quant à Yatona, lui ayant promis le mariage, il l'avait tant fait marcher que le jour où son désengagement fut évident, elle s'estima déshonorée et fit intervenir un avocat véreux ; perdant aussitôt de sa superbe, Kan blêmit de peur et vint pleurer dans le giron d'Uzaki. A part ces histoires particulièrement ennuyeuses, innombrables furent les cas où, requis par Kan, Uzaki dut s'occuper de régler des problèmes plus simples de factures contestées provenant toujours de maisons de rendez-vous ou de restaurants. Connu encore à présent dans les milieux sportifs, Kan avait, tout au long de ses études secondaires et universitaires, fait partie d'équipes de base-ball et d'aviron et il était deuxième dan de judo au Kodokan. Etait-ce pour cette raison ? Toujours est-il que non seulement ses notes dans les matières scientifiques avaient été régulièrement déplorables, mais sa conduite s'était, quant à elle, de plus en plus dégradée. Il semblerait qu'il n'y ait pas que la littérature amollissante et immorale pour pervertir les étudiants. Qu'il s'agît de manuels scolaires ou de romans, Kan détestait profondément les livres et la lecture.

Pendant ses années de lycée où il fut pensionnaire, il était si violent qu'on ne pouvait pratiquement pas l'approcher, et il arriva fréquemment qu'il envoyât valser non seulement tous les tireurs de pousse-pousse sans exception mais aussi des gens comme Uzaki. Renforcée par la pratique du sport, sa résistance à l'alcool était admirable, au diapason de sa taille, et, quand il était ivre, il pouvait, encore maintenant, déclamer des poèmes chinois ou jouer à n'importe quoi, en quelque lieu que ce fût. Une fois qu'il eut goûté à la femme, il suffisait qu'il ait bu pour s'attaquer à la première venue, sans s'embarrasser jamais d'aucun critère de beauté ; il tombait ainsi plutôt sur le menu fretin des servantes de gargote ou des serveuses de brasserie que sur des geishas ; ça se terminait donc toujours par des indemnités de rupture.

— Uzaki, cette fois, il ne s'agit pas de savoir si je romps ou pas. Tu sais bien que je vais me marier en bonne et due forme. Je m'en suis ouvert à la personne que je vais voir à Hakusan…

Avec l'arrivée des carafons de saké, Kan était entré aussitôt dans le vif du sujet. L'air grave et attentif, Uzaki :

— Aurait-elle donc des plaintes à formuler ?

— Non, ce qui est admirable, c'est qu'elle ne dit rien. En fait, elle n'aurait pas vraiment eu de raison de se plaindre ; d'ailleurs, dans la mesure où elle accepte tout cela très gentiment et où moi-même je me marie, il n'est pas nécessaire de rompre très brutalement…

— Je vois.

— C'est là… c'est là où tu interviens. Ce n'est pas pour elle. C'est vis-à-vis de mes parents. Ils doivent savoir que je fréquente une femme de mauvaise vie, qu'elle soit à Hakusan ou ailleurs, peu importe. Il serait fâcheux que cette femme vienne, par ses éventuelles récriminations, ruiner un projet de mariage bien arrêté. Tu me suis ? J'ai besoin de ton aide pour soutirer à mon père une somme de rupture.

— La femme ne demande rien ?

— Qu'elle demande ou ne demande pas, c'est un autre problème. Si c'est moi qui en parle, chez moi, on ne me croira pas. C'est pourquoi tu dois m'aider. Tu peux invoquer n'importe quelle raison. Dis, tu veux bien essayer ? En fait, je n'ai que vingt yens par mois d'argent de poche…

— Autrement dit, vous allez vous servir de cette femme pour toucher une somme de rupture ?

— Ne t'occupe donc pas de cela. En tout cas, aide-moi ! Il va sans dire que je te récompenserai. On pourrait même partager.

— Fiston, vous êtes devenu un drôle de malin. Ha, ha, ha !

— Qu'en dis-tu ? Essaie au moins, ne serait-ce que pour m'aider. Je suis criblé de dettes, avec des ardoises chez le marchand de tabac et le commerçant en produits importés ; en fait, je suis acculé.

— Je suis bien embarrassé. Devoir inquiéter le vieux maître avec une histoire forgée de toutes pièces… ça me semble difficile.

— Ce sera la dernière fois. J'ai bien l'intention de ne plus jamais te demander ce genre de service à l'avenir. Quand je serai marié, pas question de faire toutes ces bêtises.

— Bien dit. Le vieux maître prend de l'âge et vous ne pouvez continuer de le tourmenter si fréquemment.

— C'est pour cette raison que j'ai bien l'intention de m'amender à l'occasion de mon mariage. Mais j'ai besoin d'une somme d'argent assez conséquente. Si je ne liquide pas, pour de bon, toutes ces dettes accumulées à droite et à gauche, je ne m'en sortirai jamais.

Tout en poursuivant sans désemparer son exposé, qui ressemblait fort à un plaidoyer, Kan vidait sans arrêt sa coupe de saké pour la tendre aussitôt à Uzaki. Ce dernier appréciait le saké ; il en buvait chez lui, invariablement, une mesure de vingt centilitres chaque soir, depuis un an ou deux, mais il était loin de pouvoir en absorber autant que Kan et, à force d'échanger les coupelles par-dessus la marmite de bœuf posée entre eux deux, il prit peu à peu, sans s'en apercevoir, la position penchée de celui qui a trop bu. Mine de rien, Kan ne le quittait pas des yeux :

— Si ton affaire n'est pas urgente, que dirais-tu de passer la soirée avec moi ? Ici, on ne peut parler tranquillement... et ça fait longtemps que nous n'avons pas fait de virée ensemble.

— Non merci. J'ai assez bu comme ça. Si je continue, je ne pourrai plus bouger. Fiston, vous êtes toujours un sacré buveur ! Je suis sûr que deux litres ne vous font pas peur.

— N'exagérons pas ! Tu sais, Uzaki, je pense m'arrêter complètement de boire. A force de grossir, je suis gêné aux entournures. Plutôt que de me restreindre, je préfère carrément supprimer tout alcool. C'est ma façon de faire en toute chose. Quand j'y vais, j'y vais. Par contre, quand j'arrête, j'arrête complètement. C'est viril, ça me plaît. Dis, Uzaki, tu es d'accord avec moi ? Même pour les fredaines, quand ce sera fini, ce sera pour de bon, tu verras !

— Ha, ha, ha ! Sur ce dernier point, permettez-moi de douter.

— Le moment venu, je te prouverai que je peux arrêter du jour au lendemain. Les femmes, en fin de compte, ça n'est pas si passionnant que ça. En fait, je pense passer la main. A l'occasion de mon mariage, je veux entrer dans une nouvelle vie. C'est pour ça qu'on devrait, ce soir, s'amuser franchement pour enterrer le bon vieux temps. Il est encore tôt. Tu verras, je ne te poserai pas de problème.

Pendant qu'il forçait Uzaki à accepter de l'accompagner en usant de son timbre étrange d'enfant gâté, à la fois quémandeur et autoritaire, Kan ne cessa pas un instant son manège avec les coupes de saké.

III

Quand il s'y mettait, en grand buveur qu'il était, Kan pouvait ingurgiter sans problème une bouteille d'un litre huit de saké, mais d'ordinaire, quand par exemple il était chez lui, il pouvait tout aussi bien se passer d'alcool pendant des semaines entières. A l'opposé, Uzaki était un goûteur qui aimait déguster le saké à petites gorgées, même en faibles quantités, mais quotidiennement. Trois ou quatre mesures lui convenaient parfaitement; s'il dépassait les cinq, il lui devenait impossible d'articuler clairement. Le sachant pertinemment, Kan avait conçu le projet de l'enivrer pour l'emmener à Hakusan. Comme s'il l'avait deviné, Uzaki, pour une fois, ne semblait pas, ce soir, perdre les pédales. Quand, après avoir vidé huit ou neuf carafons et réglé l'addition, ils se retrouvèrent dans la rue, Uzaki marchait, en tout cas, d'un pas assuré.

Le constatant, Kan se résolut à abattre sa dernière carte. Il serait le premier à être complètement ivre, mettant son compagnon dans l'impossibilité de l'abandonner. Dès qu'il fut dans la rue des tramways, non content de déclamer soudain à haute voix des poèmes, il se mit à agacer les femmes qui passaient par là et, titubant de-ci de-là, à hurler devant les brasseries : « Holà, un whisky ! » ou encore : « Uzaki, dès demain, je supprime l'alcool. C'est ma dernière soirée, pardonne-moi ! Dis, tu veux bien ? Buvons ce soir jusqu'à plus soif, pour être sans regret ! »

Sidéré, Uzaki décida qu'il était encore préférable de le conduire à Hakusan et, la chance ayant voulu qu'un tram à destination de Sugamo surgisse au même instant, il hissa Kan à bord, sans lui laisser le temps de dire ouf.

Ils descendirent à Koishikawa-Sasugaya-cho. Avec son dépôt de chiffonniers accrochant le regard, la rue avait un aspect plutôt sordide. Après avoir tourné à droite, on apercevait au bout de la ruelle, dans une venelle qui servait de contrefort aux escarpements de Hongo-Nishikata, des alignements de maisons basses pourries et délabrées, aux toits de planches, avec, dans les intervalles, des maisons à étage, toutes neuves mais construites à bon marché et garnies de pins plantés là pour faire bien ; quant au quartier des plaisirs de Hakusan, il se signalait, par-ci par-là, par les lanternes éclairées aux noms de Shogetsu, Nonki, Okame, Yuraku, Iwai, Isami et aussi par les cris et les glapissements de clients s'amusant avec des geishas dans certaines maisons manifestement prospères.

Faisant un parallèle avec la situation dans le voisinage de chez lui, Uzaki avait l'air étonné de celui qui découvre à l'instant même la puissance expansionniste des maisons de geishas, en quelque lieu que ce soit, et, parcourant les environs du regard :

— M. Kan, où se trouve votre refuge ? Puisque je suis là, j'irai jusqu'au bout. Pas question de fuir. Je me laisse guider.

— Tout droit et, au bout, on tourne à droite. Je suis désolé de t'avoir fait manquer ton affaire. Mais c'est mon dernier soir. A partir de demain, je serai irréprochable. Tu voudras bien me pardonner. Allons Uzaki, résigne-toi. Buvons, ce soir, sans hâte et sans réserve.

La venelle sombre, située en contrebas de l'escarpement, était bordée d'un côté par des résidences adossées à un large fossé et de l'autre par de petites bâtisses peu soignées, coincées entre des maisons de rendez-vous et des maisons de geishas. Kan mena Uzaki jusqu'à l'une d'entre elles, la Midori-ya, dont la pancarte de bois mangée par les vers était accrochée à un poteau du portail aux nœuds peu esthétiques. Avec un roulement sec, Kan fit coulisser la porte à claire-voie et, les socques déposées, s'apprêta à entrer mais personne ne vint les accueillir.

— Que fait-elle donc ? C'est le marasme. T'en fais pas ! Montons au premier.

En connaisseur des lieux, Kan ouvrait la voie vers l'escalier quand, au bruit de la cloison coulissante qui l'avait, semble-t-il, avertie, une servante apparut, affolée, avec la tête de celle qui est prise à l'improviste, et une voix haut perchée, absolument terrifiante :

— C'est vous ! Vous m'avez drôlement surprise !

— C'est donc si surprenant d'avoir des clients ?

— Vous savez, Patron, il y a tant de tracasseries !

— Ha, ha, ha ! Tu as cru que c'était un contrôle de police, idiote ! Où est la patronne ? Elle n'est pas là ?

Faisant couiner les marches de l'escalier bon marché sous son poids approchant les soixante-quinze kilos, Kan s'adressa à Uzaki :

— N'est-ce pas un lieu surprenant ?

Uzaki se contentait d'observer l'attitude de Kan et le salon où ils se trouvaient. Construit en matériaux de camelote, avec des colonnes de bois maigrelettes et de très mauvaise qualité, le premier étage se composait de deux pièces, de dix et cinq mètres carrés respectivement, dont la paroi coulissante de séparation s'ornait d'un fronton de bois. Bien qu'il ne semblât pas que la maison eût été très ancienne, les murs revêtus d'un enduit épais du style Negishi étaient écaillés par endroits et les planches des étagères asymétriques gauchissaient pitoyablement. Une statuette de terre cuite d'un moine dharma – porte-bonheur – y trônait et on avait disposé dans l'alcôve décorative, à côté d'un arbre nain acheté à la foire d'un temple, une espèce de caillou non identifiable, un échantillon de minerai peut-être, qui reposait sur un plateau recouvert d'un coussinet ; sur le mur du fond était accrochée une calligraphie indéchiffrable de Yamaoka Tessho, du genre de celles qu'on trouve dans les échoppes de nuit.

— Fiston !

L'air pensif, Uzaki tortillait sa moustache.

— Ne m'appelle pas comme ça ici. Je ne tiens pas à être repéré.

— Mille excuses ! La force de l'habitude ! Ce soir, ce sera donc M. Kan.

Un bruit de pas se fit entendre dans l'escalier et le thé leur fut apporté avec le nécessaire à fumer par la patronne à la quarantaine opulente ; teint foncé, expression revêche, allure imposante aux épaules altières, sourcils en ligne droite, elle avait plutôt l'air acariâtre :

— Soyez les bienvenus.

Elle parlait avec les tournures de la province de Joshu et s'assit lourdement, sans même s'incliner poliment ; feignant de ne pas les regarder, elle les observait tous deux en détail et leur offrit le thé.

— Vous m'avez l'air bien gais !

Kan s'empara d'une tasse et, après avoir avalé une bonne gorgée :

— Donne-nous vite du saké !

— Vous semblez en avoir déjà bu une grande quantité. Vous avez tout d'un orang-outan, ce soir.

— T'inquiète pas ! Qu'on nous en apporte vite ! Ce soir, je paie comptant. J'ai tout ce qu'il faut.

Kan tapota la poche de son veston qu'il enleva aussitôt.

— Comme geisha, je fais venir Kii. Et vous, quelle est votre préférée ?

Uzaki tortilla encore plus sa moustache :

— Si Kii vient, ça suffira. C'est pour la voir que je suis venu.

— Uzaki, tu dois bien en connaître une... Tu te caches toujours de moi, mais tu es homme à faire tes coups en douce. Ne fais pas l'innocent.

— J'aimerais bien que ce soit vrai, mais je suis un vrai béotien. Ça ne vaut même pas la peine d'en parler.

— Il vous faut quelqu'un d'enjoué, d'entreprenant. Vous devriez enlever votre surtout. Je vais vous porter un kimono de coton.

Sitôt dit, la patronne s'en fut.

— Dis-moi Uzaki, es-tu vraiment honnête ? Avec toutes ces maisons autour de chez toi... on peut douter !

— Le voisinage, c'est le voisinage ; on est trop près. Ne dit-on pas que la lumière n'éclaire pas le pied du chandelier ? Et puis, je n'y ai pas vu de vraie beauté.

La servante, aux allures de marmitonne fraîche émoulue de sa campagne, apporta bientôt, avec les carafons de saké et les coupes, des croquets à la daurade mal grillés et des encornets séchés empestant le poisson sec qu'elle disposa sur la table basse. Tout en continuant, comme il l'avait fait dans la gargote, à remplir sans relâche la coupe d'Uzaki, Kan guettait les brefs instants où la domestique allait renouveler les carafons pour supplier ce dernier d'obtenir de l'argent de son père, le Vénérable Kaiseki. Depuis ses années de collège, Kan avait l'habitude de se goinfrer dans les restaurants étrangers et de se ruiner en cigarettes importées et en colifichets occidentaux hors de prix. Plutôt que de goût du luxe, il s'agissait pour lui, simplement, de gaspillage inconsidéré. Il avait beau prendre de l'âge, tel un bébé, il n'avait de cesse d'avoir ce dont il avait envie. Comme il passait aussitôt à autre chose une fois son désir assouvi, ses professeurs et ses parents l'avaient si sévèrement réprimandé qu'il en avait, paradoxalement, développé une intelligence tout à fait retorse. Selon lui, l'amour dont les siens faisaient preuve était plutôt de la faiblesse. Si jamais il devait arriver que sa mauvaise conduite puisse faire l'objet d'un article dans un journal, il se sentait invulnérable, sachant qu'au nom de l'honneur de la famille il n'y avait aucun danger que non seulement ses parents, mais toute sa parentèle restent les bras croisés. Or, il devait se marier au tout début du mois suivant et c'était l'occasion de se procurer de l'argent de poche : dans le passé, il avait eu, à plusieurs reprises, du fil à retordre avec des femmes et il comptait bien, cette fois, mettre en application le procédé pour son usage personnel. Etant donné que, pour ce faire, il avait absolument besoin d'Uzaki, qui était au mieux avec sa famille, Kan était résolu à tout, au cas où ce dernier n'acquiescerait pas avec empressement, y compris lui offrir, l'air de rien, une nuit avec une geisha afin de le faire fléchir. Il avait prévu le moindre détail, à commencer par la beuverie destinée à le neutraliser.

Un ou deux carafons n'eurent pas plus tôt été vidés que trois geishas firent leur apparition dans le désordre : Kimiyu, la régulière de Kan, Kohana dont le chignon était coiffé dans le style feuille de ginkgo renversée et Santa, une jeune apprentie. Achetée régulièrement par Kan depuis environ six mois avant qu'il ne termine l'université cet été-là, Kimiyu portait, sur son kimono aux bords relevés, un surtout de gaze de soie crêpée glycine et, en guise de cordon, une chaîne d'or démodée qui ne détonnait toutefois pas trop dans ce quartier d'étudiants. Agée d'environ vingt ans, elle avait sous ses cheveux légèrement frisés coiffés à l'occidentale, un visage plat au nez camus, et de petits yeux, mais la blancheur de sa peau et sa bouche plutôt charmante semblaient être autant d'atouts dans le regard des hommes. Petite de taille, elle était bien en chair, avec de larges épaules et un cou épais; quand elle était assise sur ses talons, elle avait les cuisses si épanouies qu'on pouvait se demander si les coutures de son kimono d'été non doublé n'en souffraient pas. L'ensemble donnait plus l'image d'une femme garçon de café que d'une geisha.

Kohana paraissait un tantinet plus âgée, environ vingt-quatre ou vingt-cinq ans, mais il se pouvait qu'elle en eût, en fait, vingt-sept ou vingt-huit. De complexion mate cachée sous un maquillage épais, son visage ovale était attrayant malgré le fard blanc mal étalé; avec son chignon de professionnelle et sa taille élancée, on pouvait, avec de la bonne volonté, la dire séduisante, mais son front trop bas, ses cheveux peu épais, ses lèvres minces et ses traits uniformément dénués de distinction faisaient penser à une servante de gargote.

Santa, la petiote, était une jeune fille dont le visage et le corps jusqu'aux extrémités ne semblaient guère avoir plus de douze ou treize ans. Mais elle avait les cernes gris des yeux plus très jeunes, ses joues couvertes de taches de rousseur étaient creusées et des sillons couraient des ailes de son nez jusqu'aux commissures de ses lèvres ; selon l'angle et l'intensité de l'éclairage, les traits de son visage indiquaient cruellement la déchéance. Tirant parti de sa petite taille, elle avait dû, pendant de longues années, se vendre comme apprentie mais elle n'avait sûrement pas atteint vingt ans. La patronne avait estimé qu'au cas où la séduisante n'aurait pas l'heur de plaire, la mignonne pourrait faire l'affaire, d'autant plus qu'elle venait, deux ou trois jours plus tôt, d'accéder au rang de geisha confirmée ; en somme, le choix était ouvert.

Ayant changé son costume pour un kimono de coton, assis en tailleur avec les genoux largement dépliés, les coudes écartés comme s'il voulait étreindre la table basse, Kan buvait à grandes lampées du saké et de la bière. D'un air mal assuré, les geishas faisaient une démonstration de leur répertoire allant du service des boissons à la récitation de petits poèmes à double sens mais quand elles se mirent à chanter de leurs voix haut perchées des chansons de circonstance, Kan ne voulut pas être en reste et entonna ses refrains préférés de sa voix de stentor ; Kimiyu se permettait de temps à autre, sans la moindre vergogne, des attitudes qu'aucune geisha digne de ce nom n'eût osé en public. Il était finalement temps pour elles d'aller se refaire une beauté pour un autre engagement quand Kimiyu sembla soudain prise d'une envie incoercible de vomir et blottit sa tête sur les cuisses de Kan. Entre-temps, la patronne au dialecte du Joshu, venue de temps en temps jouer son rôle d'hôtesse, avait déjà la lisière des yeux rouge ; bien partie, au début, dans la démonstration débridée de son savoir-faire, Kohana au chignon de circonstance eut beau protester que c'était fini pour elle, qu'elle avait la tête en coton et qu'elle n'en pouvait plus, elle ne put résister à Kan qui la força, le regard menaçant, à accepter coupe sur coupe jusqu'à ce qu'elle fût peu à peu hors d'état de le faire. A chaque fois, elle cherchait de l'aide du côté d'Uzaki. Et ce n'était d'ailleurs pas tout. Avant même que quoi que ce fût ait été arrêté, Kohana semblait avoir décidé, de son propre gré, qu'Uzaki était son client à elle ; c'est ainsi qu'elle lui avait, depuis le début, fait des avances gênantes. Avec l'ivresse qui la gagnait, sans plus se soucier du regard des autres, elle se collait maintenant littéralement contre lui. Uzaki, de son côté, ne pensait qu'à trouver une occasion pour fuir afin de regagner son foyer ; quand il voulut tirer profit du trouble causé par le malaise de Kimiyu qui, se sentant de plus en plus mal, pressa un mouchoir contre sa bouche et s'en fut hâtivement, soutenue par Kan et Santa, la petiote, il tenta de se lever et s'aperçut qu'il n'était plus maître de ses mouvements. Il est vrai qu'amateur de saké, il avait eu beau se dire et se répéter depuis le début des libations à Jinbo-cho qu'il ne devait absolument pas se soûler ce soir-là, il n'en avait pas moins été soumis à longue et rude épreuve avec un partenaire émérite et se retrouvait donc ivre mort. Au moment où, chancelant, il réussissait enfin à se relever, Kohana, rendue encore plus impudique par l'ébriété, s'accrocha éperdument à lui car, en professionnelle accomplie, elle ne pouvait le laisser partir comme ça. Dans une ultime tentative de fuite, Uzaki se débattit un instant, mais, ce faisant, pris de vertige, il s'écroula d'un coup et, n'ayant plus la force de se relever, sombra dans le noir le plus complet.

IV

Située sur la rue de Komagata à Asakusa, la boutique du grossiste en éventails Ryokuindo était un très ancien établissement fort important pour Uzaki auquel il procurait régulièrement, depuis l'époque où ce dernier était à demeure chez Uchiyama Kaiseki, du travail lui convenant, comme des esquisses de gravures destinées aux différents types d'éventails ou même, de temps à autre, des dessins à peindre directement. Sa modeste rétribution en poche, Uzaki se promena tout seul le long de la rue des tramways jusqu'au pont de Suga pour, finalement, aller boire un coup dans un bistrot à nouilles de sarrasin au coin de la rue. Il se sentit aussitôt en forme. A vrai dire, à la suite de la beuverie imprévue à laquelle Kan l'avait entraîné, la veille, à Hakusan, il avait été incapable de travailler pendant toute cette journée et, la tête désagréablement lourde, il avait une belle gueule de bois. Avec ce carafon de saké du lendemain, il venait de retrouver une bonne ivresse ; sa poitrine s'était desserrée et sa tête considérablement allégée. Faire venir des geishas et boire à tort et à travers, où était l'intérêt ? Ce fiston était une véritable calamité. Il y avait, pourtant, bien d'autres façons de s'amuser que de jeter au ruisseau cinq à dix yens en une soirée.

Tout en rotant bruyamment et à plusieurs reprises, Uzaki calcula mentalement combien lui coûteraient ses deux portions de pâtes et son carafon de saké ; comme, par chance, il n'y avait pas d'autre client, il sortit l'enveloppe qu'il avait reçue au Ryokuindo, l'ouvrit furtivement pour aplanir soigneusement les billets de cinq yens, un à un, lissant ici une pliure, redressant là un coin corné, et, les ayant comptés plusieurs fois avec des méthodes différentes, les transféra dans son portefeuille en prenant bien soin de les aligner de façon à ce qu'ils ne se froissent pas.

Puisque le monde était tel que des gens comme le Vénérable Kaiseki pouvaient vivre dans une résidence princière grâce à un seul et unique pinceau, tandis que d'autres étaient dénués de tout talent, Uzaki était persuadé qu'il devait se contenter d'être patient et économiser le moindre centime comme le plus petit liard, en faisant attention à ces riens auxquels nul ne prenait garde ; il n'était jamais plus heureux ni satisfait que le jour où il touchait une somme d'argent, quel qu'en fût le montant, ou que s'il dégotait une marchandise relativement bon marché. Maintenant, son portefeuille était soudain gonflé. L'addition du bistrot était moins chère qu'il n'avait pensé, bien que le saké ait été étonnamment bon. Une fois dehors, le visage caressé par la brise vespérale du début d'automne, il se mit inconsciemment à réciter à voix basse son poème préféré, *Les Amis d'antan.* Uzaki ne connaissait ni chanson à la mode, ni récitatif de théâtre, ni chant traditionnel mais, quand il se sentait si bien qu'il n'en pouvait mais, comme par exemple dans un bon bain chaud ou sous l'effet d'une ivresse agréable, il récitait ce poème. Sans raison ni motivation particulières. Au début, il l'avait appris avec ses camarades de lycée quand, en excursion, ils le déclamaient tout au long du chemin ; plus tard, chez maître Kaiseki, lorsqu'à l'occasion des réunions de disciples pour le jour de l'an ou le départ de l'un d'eux, on le forçait à révéler un talent caché, il s'en souvenait en désespoir de cause et le récitait. Un beau jour, c'était devenu une habitude et, chaque fois qu'il devait s'exécuter, *Où sont passés les amis d'antan* lui venait naturellement aux lèvres.

C'était l'heure où la rue des tramways de Kayacho s'animait avec ses boutiques de nuit ; après les deux ou trois jours de chaleur humide qui s'étaient succédé, il y avait foule ce soir-là et, dans la lumière des réverbères, la danse légère des saules voltigeant dans le vent donnait imperceptiblement une note estivale. Au moment où il passait devant le magasin Funasa spécialisé dans les boîtes et ustensiles en bois de forme arrondie, Uzaki tomba soudain en arrêt devant la beauté des alignements de condiments de toutes sortes ; pensant agrémenter sa petite coupe de saké du soir, il décida que les condiments élégamment présentés feraient également un cadeau pour sa femme et ses enfants et, ses emplettes terminées, il sortit du magasin avec un paquet à la main. Il reprit sa flânerie nonchalante, le cœur léger comme la brise vespérale et, laissant ses pas le guider parmi les boutiques de nuit, descendit la rue Muko-yanagibara en direction de la rue Izumi-bashi en faisant traîner ses socques basses en bois de magnolia.

Pour éviter une automobile qui déboulait d'en face avec un bruit assourdissant, Uzaki infléchit son parcours zigzagant et, quand il se gara sur le côté de la rue, il fut frappé par la façade imposante d'un magasin de curiosités qui alignait, dans sa devanture empiétant sur la rue, vasques, lanternes métalliques et autres bassinets à eau ; des lampes électriques beaucoup plus puissantes que celles du voisinage éclairaient brillamment deux armures complètes disposées près de l'entrée ainsi qu'une sorte de paravent suranné en six panneaux du style Tosa ; il s'arrêta distraitement et, comme il jetait un coup d'œil circulaire à l'intérieur, son regard fut finalement accroché par cinq ou six rouleaux de calligraphie et de peinture pendus au mur.

Le plus proche, très bariolé, montrait une fille de joie croquée à la manière de Matabei avec une profusion de couleurs ; le suivant avait tout l'air d'une contrefaçon des *Herbes printanières* de Suzuki Kiichi ; ensuite venait un estampage d'un vieux monument quelconque, à côté duquel se trouvait une soie peinte aux couleurs et au marouflage flambant neufs qui représentait un coq et des pousses de bambou. Avec l'impression d'avoir déjà vu ce coq quelque part, Uzaki fit un pas sur le sol de plain-pied du magasin ; l'idée lui était venue qu'il était l'auteur de cette peinture, mais il eut beau frotter ses yeux rendus troubles par l'alcool et tendre le cou, il fut confronté à quelque chose d'étrange : ce n'était pas sa signature. A la place de son propre nom, Kyoseki, figurait celui de son maître Kaiseki. Devant cette bizarrerie, il se frotta encore plus énergiquement les yeux pour découvrir, à l'emplacement usuel, le sceau de la galerie Gakuyo, le courtier habituel, mais pour constater aussi que la signature n'était indubitablement pas de la main de son maître. Uzaki avait commencé son apprentissage chez le Vénérable Kaiseki plus de dix ans auparavant ; ce dernier n'avait jamais, durant toute cette période, eu recours à ce style de calligraphie entre la cursive et la carrée. Etait-ce parce qu'il était dans le droit fil de l'école Maruyama, toujours est-il qu'il signait ses œuvres très soigneusement dans le style carré. Nul doute qu'il s'agissait d'un faux, mais Uzaki n'en restait pas moins convaincu d'avoir, lui-même, peint cette soie ; se demandant s'il n'était pas le jouet d'un renard démoniaque, il s'assura de bien avoir son portefeuille à sa place et son paquet de chez Funasa à la main. Après quoi, s'asseyant sur le rebord de la partie surélevée du magasin :

— Holà, pourrait-on me montrer le rouleau au coq ?

Un commis de dix-sept, dix-huit ans, qui somnolait à l'ombre des armures :

— Certes, lequel ?

— Le coq aux pousses de bambou. Celui-là même. C'est ça. Je voudrais le voir.

— Bien, monsieur.

L'ayant décroché, le commis l'apporta.

Comme à l'accoutumée, Uzaki tortillait sa moustache :

— C'est fort bien peint. Ce doit être un peintre d'autrefois.

— Non, pas du tout. L'artiste est commissaire des arts de la cour impériale et membre du jury de sélection du salon officiel. C'est plutôt rare de trouver des œuvres d'un maître comme lui chez un marchand de bric-à-brac.

— Vraiment ? Combien ?

— Je vais vous le dire… (Le commis consulta l'étiquette collée au dos du rouleau :) Soixante-deux yens, y compris une belle boîte de rangement en bois de paulownia.

— Ah bon.

Sans cesser de tortiller sa moustache, Uzaki poursuivait son examen : plus il regardait, plus il lui devenait évident que cette soie avait été peinte de sa propre main. En effet, au moment où il peignait la griffe de l'ergot du coq, sans qu'il ait su pourquoi, mais peut-être à cause du manque d'épaisseur du glaçage à cet endroit, la couleur avait fait tache et il avait dû, bien embarrassé, ajouter des herbes pour camoufler le tout; si l'on observait soigneusement, on en voyait encore la trace. Uzaki se souvenait clairement avoir réalisé cette commande à la fin de l'an passé pour le patron de l'Unrindo, un magasin de peintures et de calligraphies nouvellement installé à Ichigaya-Mitsuke et même avoir reçu la somme de vingt-cinq yens en règlement.

— Et le papillon qui vole au-dessus des herbes printanières, combien vaut-il ?

— Celui-là ? Il n'est pas cher; il vaut trente yens.

Surpris par l'apparition soudaine sur son flanc du museau d'un chien errant attiré par l'odeur du paquet de chez Funasa qu'il avait déposé à côté de lui, Uzaki lâcha un tonitruant : « Sale bête ! » et s'en fut aussi sec, faisant sonner les planchettes de ses socques en magnolia sur le couvercle en bois de l'égout devant la boutique; il avait filé si rapidement que le commis se demanda s'il ne s'agissait pas d'un voleur à l'étalage et vérifia du regard tous les recoins du magasin.

Jusqu'alors, Uzaki avait maintes fois découvert des copies d'œuvres d'Uchiyama Kaiseki. Il arrivait fréquemment que des brocanteurs spécialisés ou des amateurs d'art lui demandent une expertise. Mais, ce soir, c'était la première fois qu'il tombait sur la contrefaçon d'une de ses peintures sur laquelle on avait adroitement falsifié signature et sceau de la galerie. Il y avait vraiment des gens dénués de scrupule. Qui pouvait bien avoir fait ça ? Ce ne pouvait certainement pas être son commanditaire, le patron de l'Unrindo à Ichigaya. Ce dernier avait ses entrées chez maître Uchiyama et venait très souvent en visite chez Uzaki. Ça devait donc, sans doute, être arrivé après qu'il eut vendu ce rouleau. Perdu dans ses conjectures, Uzaki continuait de marcher, quand il s'avisa soudain de quelque chose. Il se pouvait qu'en plus de celle-ci, et à son insu, nombre de ses peintures aient été falsifiées au nom du Vénérable Kaiseki. Rien n'empêchait qu'il y en ait d'autres et que sa découverte de ce soir, la soie au coq et aux pousses de bambou, n'ait pas été isolée. Si, à l'avenir, de telles contrefaçons apparaissaient un peu partout, et si jamais, à cause de cela, pensant qu'il avait agi délibérément, maître Kaiseki commençait à douter de lui, cette affaire serait extrêmement embarrassante… Il ne pouvait laisser faire. Tandis qu'il se demandait s'il allait retourner aussitôt au magasin de curiosités ou s'il allait, au contraire, se précipiter sans tarder à la résidence de son maître à Shirogane, Uzaki parvint à la rue des tramways juste avant le pont d'Izumi. Les boutiques commençaient à fermer leurs portes. Au même instant, en écho à la cloche d'Ueno, une pendule sonna dix heures ; rappelé à la réalité, Uzaki franchit le pont et monta à bord du tramway pour Kudan qui le ramènerait chez lui. Pris de boisson, il se laissa incontinent gagner par le bercement agréable du tram ; alors que c'était encore la saison des kimonos légers sans doublure, il se recroquevilla sur lui-même, serrant d'une main son portefeuille glissé sur sa poitrine, de l'autre le paquet de chez Funasa posé sur ses genoux et plongea dans un sommeil de plomb assorti de ronflements, à la manière d'un homme libre de tout souci.

V

Le lendemain, ayant revêtu un surtout de gaze de soie reteint et son surplis de serge, Uzaki s'en alla pour la nouvelle résidence d'Uchiyama Kaiseki à Shirogane en faisant claquer ses traditionnelles socques d'été en magnolia. Depuis qu'il avait emménagé dans sa propre maison de Fujimi, dix ans s'étaient écoulés comme un jour et, même si aucune affaire particulière ne l'y amenait, Uzaki se rendait sans faute à la résidence, à peu près tous les trois jours. Quant à l'heure de sa visite, si c'était le matin, c'était vers onze heures trente, et si c'était l'après-midi, peu après quatre heures, de façon que, d'une occupation à l'autre, il y fût encore à l'heure d'un repas. A force de manger une fois tous les trois ou quatre jours à l'extérieur, l'économie réalisée sur la nourriture chez lui pouvait être considérable si on la calculait sur dix ou vingt années. Quand il arrivait à la résidence, il accomplissait les mêmes tâches qu'à l'époque où il était disciple à demeure, c'est-à-dire qu'il mélangeait les couleurs, lavait les pinceaux, glaçait les soies ou encore officiait comme remplaçant dans les enterrements et faisait les courses à la banque ou ailleurs. Il servait de partenaire tant dans les libations vespérales du maître que dans ses parties de go et, si la soirée se prolongeait, il pouvait, à volonté, passer la nuit sur place. Après qu'Uzaki se fut installé ailleurs, la famille Uchiyama avait, pour un temps, pris d'autres disciples à demeure, mais l'un d'entre eux, pétri de l'ambition de devenir, par la suite, un nouvel artiste de renom se montra par trop insolent et ingouvernable et son successeur se révéla être un débauché qui engrossa deux bonnes à la fois ; le scandale fut tel qu'Uzaki, dont le caractère prévisible était gage de tranquillité, se retrouva, un beau jour, sans notification particulière intendant externe. De son côté, il souhaitait le maintien du *statu quo*. En effet, il tirait toutes sortes d'avantages, directs ou indirects, de son accointance avec le Vénérable Kaiseki ; si, par exemple, il avait affaire aux fournisseurs de son maître pour son usage personnel, aussi bien le marchand de riz ou le négociant en charbon de bois que le commerçant en couleurs, du fait qu'il avait ses entrées à la résidence, il pouvait se permettre de les faire attendre, aussi longtemps qu'il le jugeait bon, le règlement de leurs notes, tout en gardant la tête haute ; s'il s'agissait, par ailleurs, d'encadreurs ou de patrons de galerie, il n'avait nul besoin de réclamer pour recevoir des présents tout à fait convenables. Il arrivait même qu'en rémunération d'une de ses œuvres peintes à grand-peine il découvrît dans son enveloppe une somme d'argent dont le montant dépassait largement ses prévisions. En dehors de cela, les bénéfices mineurs étaient innombrables, allant des vêtements usagés et vieux objets dont se débarrassaient le maître, son épouse et le jeune maître jusqu'aux débris de bâtonnets d'encre de Chine usés au point d'en être à peine utilisables et aux reliefs de couleurs extrêmement onéreuses, comme les poudres d'or ou d'argent.

A part son pseudonyme, Kyoseki (Pierre géante), qu'il avait choisi par pure malice, Uzaki savait qu'il n'avait aucune chance de se faire un nom mais aussi qu'il n'avait, pour gagner sa vie, d'autre alternative que la peinture ; dans ce contexte, comme il se rendait compte, de temps à autre, de sa tendance naturelle à devenir avare, il s'appliquait à se fabriquer l'apparence d'un être délibérément fantasque, franc mais bizarre. Cela étant, il prêtait une attention extrêmement soutenue et prioritaire à la façon dont son maître le percevait, interprétation beaucoup plus importante à ses yeux que celle de ses frère et sœur, amis ou gens de son entourage.

Du fait qu'il avait été hébergé et nourri chez lui durant de longues années, Uzaki connaissait le Vénérable Kaiseki mieux que quiconque. Ce dernier était maintenant un maître illustre mais il n'avait, jusqu'alors, et mis à part Uzaki, jamais entretenu sous son toit d'élève cumulant les tâches d'homme à tout faire. Ses disciples étaient des fils de familles suffisamment riches pour le rémunérer largement en toute occasion, comme le jour des Morts ou les fêtes de fin d'année. Extérieurement, il offrait le visage d'un artiste ignorant tout des affaires du monde, mais quand il était question de gros sous, il savait si bien y faire que même Uzaki en était souvent resté bouche bée. Ainsi, lors de la construction de sa nouvelle résidence de Shirogane, maître Kaiseki n'hésita pas à contraindre le charpentier, qui était pourtant là depuis les tout débuts de l'arpentage, à déclarer forfait au beau milieu des travaux. Face à un tel maître, plutôt que de se montrer tel qu'il était à la légère, Uzaki n'eut d'autre choix que d'adopter l'attitude d'un être pitoyable. Il se composa tout seul le personnage d'un pauvre homme, franc, certes, mais dénué de talent, sans travail, faible et peureux, pusillanime et manœuvrier jusqu'au bout des ongles, tellement accablé par mille choses qu'on pouvait craindre, s'il était dans la gêne, qu'il ne se pendît ; et il ne s'en départit jamais.

Laissant le tramway à l'arrêt Hiyoshi-Sakaue, on marche un peu et, au détour d'une ruelle, on tombe sur une palissade de planches toute neuve qui mène à un grand portail à linteau, assez large pour laisser passer deux automobiles de front, et sur les gros piliers duquel est accrochée une plaque de bois au nom d'Uchiyama Kaiseki gravé sur les traits d'un pinceau si épais que n'importe quel passant ne peut le manquer ; en deçà du portail, une allée de gravillons extraits de la rivière Tama mène jusqu'à l'entrée, dotée d'un vestibule surélevé, de la maison à pignon dont l'étage est recouvert de tuiles de Kyoto rutilantes. Uzaki contourna la maison pour atteindre l'entrée des familiers, mais quand il ouvrit la nouvelle porte de verre à croisillons, il suffoqua devant la poussière soulevée par O-Naka, la jeune bonne de vingt et un ou vingt-deux ans venue de la province de Boshu, qui balayait le sol en béton avec un balai de feuillage :

— C'est insupportable ! O-Naka, on ouvre la porte quand on balaie ! La poussière de sable s'envole partout ! Souviens-t'en ! Encore un rappel à l'ordre !

— Ah, vraiment ?

La campagnarde n'avait pas vraiment l'air inquiet.

— Tu es incorrigible ! Le maître n'est pas encore debout ?

Ce disant, Uzaki entra dans la maison.

— Il a de la visite. O-Hide vient d'aller servir le thé.

— Tiens ! Qui cela peut-il être ?

Au moment où il allait se rendre dans la pièce à thé où se tenait habituellement la maîtresse de maison, survint justement O-Hide, la femme de chambre de seize ou dix-sept ans au visage très ingrat, de retour du salon :

— Le maître, la maîtresse et tout le monde sont au jardin.

— Ils n'ont pas une visite ?

— C'est un photographe... (Se reprenant :) Serait-ce un visiteur ?

— Sais-tu ce que tu dis ? Tu as fait le service, non ?

— Il me semble qu'ils ont parlé du *Club Enman*, ou de quelque chose comme ça. Il est vêtu d'un costume occidental mais il parle avec une drôle de voix de la campagne.

— Ah, un journaliste ?

Sur ce mot jeté d'un ton infiniment dédaigneux, Uzaki s'engagea dans le couloir qui, longeant le vestibule, était agrémenté de cloisons de papier jusqu'à mi-hauteur et, s'agenouillant tout au bout de la véranda qui bordait le salon, passa furtivement le visage pour apercevoir la famille Uchiyama assise au grand complet sur le bord de cette véranda, en train d'attendre la fin des préparatifs du journaliste du *Club Enman* qui avait installé son appareil-photo dans le jardin ; ils étaient là, tous les cinq alignés : Uchiyama Kaiseki au centre, son épouse Mikiko âgée de cinquante-cinq ans environ, Toshiko, leur fille aînée de trente-trois, trente-quatre ans, revenue vivre chez les siens après la mort prématurée de son mari, un docteur en médecine, leur fils unique, le corpulent Kan et leur fille cadette de dix-neuf ou vingt ans, Teruko qui était étudiante à l'Ecole des pairs dans la section féminine.

— Monsieur Uzaki... !

L'ayant aperçu la première, Toshiko, la fille aînée, avait averti son père.

— Ah, Uzaki ?

Kaiseki s'était certes tourné vers lui, mais tout à fait à la manière d'un seigneur qui se tourne pour l'arrivée d'un courtisan ; à la fois éraillée et rauque, sa voix haut perchée semblait étrangement sortir tout droit du sommet de son crâne :

— Qu'en dis-tu ? Viens donc avec nous te faire prendre en photo.

Tout en inclinant respectueusement la tête, Uzaki se tint sur la réserve et ne bougea pas ; ce fut, cette fois, au tour de Kan de l'interpeller de sa voix à la fois tonitruante et maniérée :

— Allez, viens donc ! Si tu ne te presses pas, ce sera trop tard !

— Dans ce cas, j'irai en contrebas.

Uzaki se hâta d'aller chercher à la cuisine les sandales idoines pour descendre sur la pelouse ; il semblait décidé à jouer le rôle du valet Taro Kaja, le célèbre pitre du théâtre et, toujours courbé, s'avança :

— Où dois-je me mettre ?

— Dis donc, si tu restes là, on ne verra que toi sur la photo.

— Ah oui ?

Déférant à la remarque de Kan, Uzaki recula et s'agenouilla à côté de la pierre de seuil sur laquelle maître Kaiseki appuyait ses socques de jardin. Alors, le photographe :

— Là, ça ne va pas : votre visage est dans l'ombre, vous serez tout noir.

— En fait, mon teint n'est pas vraiment clair, ça n'a pas d'importance.

Teruko, l'étudiante de l'Ecole des pairs, piqua un tel fou rire qu'elle faillit en tomber à la renverse et la prise de vue dut être suspendue le temps qu'elle se calme. Finalement, le reporter relâcha l'obturateur avec un « Grand merci » et rangea l'appareil dans sa sacoche. Kan, le premier, puis les dames quittèrent la véranda, chacun de son côté. Le journaliste, qui avait imparfaitement enfilé les socques de jardin sur ses chaussettes occidentales, revint du mieux qu'il put, en traînant les pieds, jusqu'à la véranda et, faisant à nouveau une profonde courbette :

— Je suis vraiment désolé pour tout le tourment que j'ai créé mais j'aimerais, si possible, vous demander de me parler de votre peinture…

— Est-ce à dire que vous voudriez publier mes propos dans votre revue ?

— C'est cela. Pas nécessairement sur la peinture, ce peut être sur un tout autre sujet.

— Ah bon ? Donnez-vous donc la peine d'entrer.

Affectant une générosité exagérée, Kaiseki toussa légèrement et observa, après avoir jeté un coup d'œil circulaire sur le grand salon de dix tatamis :

— Ils ont tous disparu avant qu'on ne s'en aperçoive. Uzaki, aurais-tu l'obligeance d'appuyer sur la sonnette d'appel ?

Ayant demandé à la femme de chambre appelée par la sonnerie de faire, à nouveau, le service du thé, Kaiseki prit le temps de fumer tranquillement sa cigarette, puis :

— Votre revue…, ma foi, comment dire…, j'en lis chaque numéro avec intérêt.

Non seulement la voix était haut perchée mais la diction, qui détachait chaque mot comme s'il venait du sommet du crâne, exaspérante de lenteur. Etait-ce inné ou intentionnellement forcé, toujours est-il que, sans aucun doute, il s'agissait bien là de montrer l'importance du peintre Uchiyama Kaiseki, commissaire des arts de la cour impériale. Et pourtant, en matière de maintien ou d'apparence, si l'on habillait le disciple, Uzaki Kyoseki, de vêtements de soie équivalents, on pouvait penser que, du point de vue de la distinction, l'élève surpasserait largement le maître. Ce dernier avait un de ces curieux visages sans forme que l'on rencontre fréquemment chez les administrateurs de société ou les millionnaires gravitant dans le monde des affaires. Alors qu'il avait les cheveux grisonnants, sa peau était luisante et rouge au point d'en être déplaisante ; il avait gardé sa tête d'enfant qui aurait seulement enflé telle quelle. Sa tournure était à l'avenant : le déséquilibre entre son corps et ses membres était tel qu'on le remarquait même à travers ses vêtements, surkimono plissé et surtout d'apparat; on ne voyait que cela, sans pouvoir juger si Uchiyama Kaiseki était grand ou petit, gros ou maigre. On était tout simplement frappé par la grosseur de son visage et la longueur exagérée de son corps.

Dans le *Dictionnaire biographique des peintres et calligraphes contemporains* figuraient les lignes suivantes :

Uchiyama Kaiseki, prénom : Kyusuke. Peintre de l'école Maruyama. Premier degré du sixième rang à la cour. Commissaire des arts de la cour impériale. Membre du jury de sélection du salon officiel. Conseiller de l'Académie de peinture de Tokyo. Né dans une famille paysanne, en l'an... de l'ère Ansei, dans le canton de... de la province d'Etchu. De famille modeste, il déménage dans son enfance à Kanazawa, où il est employé dans l'auberge Untel. Un jour, par accident, une cloison de papier toute neuve y est endommagée en l'absence du patron ; les domestiques sont atterrés au point de ne savoir que faire ; Kyusuke s'arrange, en secret, pour trouver un pinceau et de l'encre de Chine et camoufle l'accident au moyen d'une peinture. A son retour, le patron la voit et, très surpris, demande qui en est l'auteur. Apprenant le nom de Kyusuke, il déclare que, si ce jeune garçon peut être formé par un maître, il se fera sûrement un nom à l'avenir. L'année suivante, un peintre de la capitale, Tamaki Shiseki, vient séjourner quelque temps dans cette auberge de Kanazawa. Le patron le prie de prendre Kyusuke comme disciple. Accompagnant son maître, Kyusuke se rend à Kyoto où il apprend son métier très rapidement et il est autorisé à prendre le nom de Kaiseki. A la suite de la Restauration impériale, sur ordre de l'empereur, Tamaki Shiseki part s'installer à Tokyo ; Kaiseki l'accompagne encore. Peu après, il participe à la première Exposition nationale qui se tient au mont Todai, avec une illustration intitulée Orage sur la montagne par un matin de printemps, *et reçoit le trophée d'or. Son nom est immédiatement connu dans tout le pays et il devient peintre à part entière. Il peint avec fidélité et sérieux aussi bien les paysages avec montagne et eau que les fleurs ou les oiseaux ; son pinceau est empreint de délicatesse et il excelle particulièrement dans la peinture des carpes et des coqs ; s'il est fréquemment copié par ses contemporains, ce n'est pas sans raison.*

A la recherche d'un sujet de conversation convenable, le journaliste en visite se frictionnait la barbe, drue de n'être pas rasée, et parcourait du regard tous les recoins du salon récemment construit quand il avisa, dans l'alcôve décorative, une paire de rouleaux peints de Tamaki Shiseki qui représentaient l'un, une cascade, et l'autre, des vagues :

— Ces peintures dégagent une impression de grande fraîcheur. Ce sont, bien entendu, vos œuvres.

Ce journaliste myope avait beau porter des lunettes, non seulement il n'avait su lire ni la signature ni le cachet, mais encore il ignorait tout de Shiseki, mort depuis quinze ou seize ans. Le Vénérable Kaiseki, lui-même, en fut quelque peu décontenancé.

— Mais non, voyons ! Ce n'est pas moi qui les ai peintes, c'est mon maître.

— Oh, oh ! Votre maître, Maître ! Il ne doit plus être en activité ?

— Certes non. Il s'est éteint depuis longtemps. Sa tombe est au temple Tenno, à Yanaka. Vous passez devant la pagode à cinq étages et vous continuez tout droit…

Kaiseki se mit à parler longuement de son maître Tamaki Shiseki. Peu de temps auparavant, un article paru dans une revue d'art publiée par de jeunes artistes avait attaqué la peinture de Kaiseki et affirmé, de plus, que ce dernier faisait partie de ces ingrats qui oubliaient leur devoir de reconnaissance envers leur maître. Comme cela ne semblait pas être une pure invention, Kaiseki en fut très fâcheusement préoccupé et organisa par la suite, l'air de rien, une rétrospective de l'œuvre de Shiseki. Depuis lors, chaque fois que l'occasion se présentait, il ne manquait pas d'en parler verbeusement. Consterné en secret car ce discours n'avait aucun intérêt pour les lectrices de sa revue à vocation familiale, mais dans l'incapacité d'en interrompre le cours, le journaliste sortit son calepin afin de noter les points essentiels. Lancée depuis peu, la revue mensuelle *Club Enman* tentait de profiter, avec retard, de la mode de ces publications familiales qu'on avait surnommées pendant un temps : « Clins d'œil souriants ». En fait, le journaliste était venu en visite parce qu'il avait appris d'un éditorialiste que, dans la nouvelle résidence du peintre Kaiseki, se trouvaient deux demoiselles, dont l'aînée, fort talentueuse, avait, à plusieurs reprises, été retenue pour participer au concours de poésie organisée par le bureau des Affaires littéraires de la cour, et la cadette, étudiante à la section féminine de l'Ecole des pairs, était, selon la rumeur, une beauté très moderne ; si l'on ajoutait à cela que le maître de céans venait tout juste de terminer la construction de la demeure qu'il habitait depuis peu, cela pouvait donner matière à de multiples sujets et, pour respecter l'ordre qu'il avait reçu, le journaliste souhaitait dans son for intérieur écourter le discours du Vénérable Kaiseki aux limites raisonnables pour passer aux propos des demoiselles. Sans s'apercevoir le moins du monde de l'agitation extrême de son hôte, le vieillard profita, au contraire, du retour d'Uzaki dans le salon pour lui demander de conforter sa mémoire défaillante :

— Cet aigle peint par maître Tamaki était vraiment remarquable… Il fait bien partie de la collection de la famille Iwasaki, non ?

L'air entendu, Uzaki se tortilla la moustache :

— Toutes les œuvres de maître Tamaki, quelles qu'elles soient, sont remarquables pour la vigueur du trait de pinceau. Si on les a vues une seule fois, peu importe le temps écoulé, en fermant les yeux, on s'en souvient avec une grande netteté.

Avec de telles réponses transportant d'aise Kaiseki, il n'y avait aucune chance que la discussion sur la peinture tournât court. Parlant aussi lentement que s'il était hémiplégique, Kaiseki détaillait maintenant les idéogrammes et mettait en garde son interlocuteur comme s'il s'adressait à un enfant :

— Vous me suivez bien ? Ce roc-là ne s'écrit pas avec le caractère habituel mais avec celui de la vallée. Les journalistes inexpérimentés se trompent parfois dans leur transcription des propos d'autrui, causant ainsi de graves problèmes. Je vous prie de veiller à ne pas commettre d'erreur.

Finalement, tout résolu qu'il ait été, le journaliste sembla renoncer et, après avoir fumé trois ou quatre Shikishima mises à la disposition des visiteurs, remit son calepin dans sa poche. En bon intendant de grande famille, Uzaki le raccompagna jusqu'au vestibule puis revint au salon ; Kaiseki semblait d'humeur à vérifier le fini des travaux et se déplaçait de-ci de-là dans le salon, inspectant dans leurs coins et recoins murs, rebords des cloisons et fenêtres coulissantes, linteaux à glissière, parquet de sole de l'alcôve et autres accessoires d'ameublement quand, tout à coup, il glapit de sa voix rauque et perçante :

— Qui est-ce ? Qui est-ce qui a bien pu brûler ce tatami tout neuf ?

— Ça alors !

Stupéfait, Uzaki restait pétrifié au milieu du salon :

— Aucun doute n'est possible : c'est le journaliste de tout à l'heure. Quel incapable ! Vraiment !

O-Hide, la femme de chambre venue ranger la pièce, fut tellement soulagée de n'être pas fautive qu'elle se fit comme une joie de répandre la nouvelle à haute voix :

— Il paraît que le photographe a fait une brûlure sur un tatami du salon !

La maisonnée s'y précipita aussitôt, à commencer par la maîtresse de maison, suivie de Toshiko, l'épousée revenue, puis de Teruko, la beauté, qui se retrouvèrent alignées en rond autour de la brûlure. Celle-ci n'était pas due à de simples cendres. Il semblait bien plutôt qu'une cigarette au bout rougeoyant soit tombée directement en plusieurs endroits et que le tatami qui, vert encore, fleurait bon le neuf, ait été brûlé de manière indélébile, aussi sûrement que si la souillure y avait été gravée.

— Quel ennui ! Qu'allons-nous faire ? demanda l'épouse.

— Père, on pourrait peut-être faire venir le fabricant de tatamis pour qu'il le retourne, dit Toshiko.

— Il se pourrait bien que la brûlure ait traversé la natte de surface.

L'air plein de ressentiment, Kaiseki regardait fixement le tatami.

— Nous avons échappé à un grand danger. Il aurait pu prendre feu.

— Je pense qu'il vaudrait mieux que vous ne receviez plus de journalistes. Quand je serai là, je m'empresserai de les refouler.

— Que se passe-t-il donc ?

Faisant craquer le bois de la véranda sous ses presque soixante-quinze kilos, c'était Kan qui arrivait. Avec l'air de considérer qu'on faisait beaucoup de bruit pour pas grand-chose, il s'adressa à Teruko :

— Tu viens faire un tennis ?

— C'est bientôt l'heure du déjeuner.

Sans cesser de mâcher avec application son chewing-gum, Teruko ajouta :

— Et puis aujourd'hui, je vais à l'église après midi.

— On est dimanche ?

— Tu es vraiment insouciant, grand frère !

Kan quitta la véranda pour descendre, tout seul, dans le jardin, puis, comme s'il venait de s'en souvenir à l'instant :

— Uzaki, tu viendras me voir tout à l'heure !

Tandis qu'il s'en allait en sifflotant vers le fond du jardin où, derrière un bosquet, s'étendait un champ, O-Hide, la femme de chambre, apporta sur un plateau de bois nu des feuilles de papier de cérémonie avec leurs liens d'or et d'argent, de la filoselle rouge et blanche ainsi que d'autres accessoires pour les préparatifs de mariage; délaissant la brûlure du tatami, toute la famille s'absorba dans cet arrivage. Il s'agissait en fait de la commande passée deux ou trois jours plus tôt auprès du grand magasin Mitsukoshi : comme le mariage de Kan était maintenant décidé, il fallait se procurer les éléments des cadeaux à faire porter à la famille de la fiancée.

L'air très heureux, Kaiseki :

— Ne manquez pas de tout vérifier soigneusement.

Teruko appela d'une voix forte :

— Grand frère ! Grand frère !

VI

Bien qu'habitant sous le même toit, Kan n'adressait pratiquement jamais la parole à sa sœur aînée Toshiko, si ce n'était en cas de nécessité, mais en revanche il plaisantait et s'amusait fréquemment avec sa cadette Teruko. Il n'était d'ailleurs pas le seul à avoir un faible pour cette dernière ; Toshiko et leurs parents l'adulaient tout autant. Avec ses dix-huit, dix-neuf ans, son teint clair, ses beaux cheveux et ses yeux pétillants, Teruko avait des traits pleins de jeunesse et de gaieté qui faisaient oublier les légères irrégularités de son visage et sa bouche un peu trop grande ; dans son école, elle était comptée parmi les beautés. Toshiko, par contre, avait le visage plat de son père, un front bombé, de petits yeux et des cheveux frisottés ; son teint était si blême qu'il attirait les regards. Elle avait dépassé les trente ans et son air triste et mélancolique semblait être l'indice d'un mauvais naturel ; si elle n'avait été la fille de la maison revenue après un mariage malheureux, on aurait pu la prendre pour une parente parasite.

Elle s'était mariée à vingt ans avec un docteur en médecine qui avait connu une fin lamentable l'année suivante : parti en Corée pour y fonder une clinique privée, il était mort dans une collision ferroviaire. Ce fut si rapide qu'elle n'avait même pas eu le temps d'avoir un enfant et, après des discussions approfondies, les parents des deux côtés avaient décidé du retour de Toshiko dans sa famille. Kaiseki avait pensé la remarier si un bon parti se présentait mais elle était doublement handicapée par son manque de charme et par sa répudiation, si bien que les propositions furent rares et qu'elle s'était, un jour, retrouvée trop vieille. Maintenant, elle dirigeait la maisonnée en lieu et place de sa mère. En effet, quand cette dernière avait connu son père, elle était domestique de la pension où habitait Kaiseki venu à Tokyo pour y accompagner maître Tamaki ; par la suite, plus la place de son mari dans la société s'élevait, plus son manque d'éducation et de formation lui avait posé des problèmes aussi bien dans la façon de traiter les élèves que dans celle d'élever ses enfants ; comme elle demandait en toutes choses conseil à Toshiko, celle-ci avait fini par assumer toute seule la direction de la maison. Pour Toshiko, il s'agissait de distraire sa tristesse de fille revenue chez ses parents en s'absorbant dans les multiples tâches quotidiennes des affaires domestiques ; elle consacrait, par ailleurs, ses loisirs à la composition poétique et à la calligraphie avec un tel talent qu'elle fut, à plusieurs reprises, lauréate du concours de poésie organisé par le bureau des Affaires littéraires de la cour impériale et toute sa famille, à l'exception de Kan, s'enorgueillissait de cet honneur suprême ; surtout sa mère, dénuée de connaissances mais foncièrement bonne, qui s'était mise à considérer sa propre fille comme une sœur aînée, à la fois révérée et crainte.

Ce jour-là, aussitôt après le déjeuner, Toshiko demanda à sa mère de frotter le bâtonnet pour faire de l'encre de Chine et calligraphia prestement la formule consacrée sur le papier de cérémonie qu'elle plia dans les règles et encercla des liens traditionnels des cadeaux à la fiancée. Par chance, le calendrier indiquait un jour faste ; se référant au précepte : « Pour le bien, hâte-toi ! », Kaiseki ordonna à Uzaki de se faire le messager de l'heureux événement. Ce dernier enfila promptement un surplis de gaze et un vieux surtout de son maître orné de l'emblème de la famille pour aller aussitôt porter le tout, en pressant Kichiko, le tireur de pousse qui, justement, n'avait rien à faire. Sa destination était Sugamo où résidait le futur beau-père, Osuga Akimasa ; cet ancien préfet avait, au fil des ans, amassé suffisamment d'argent pour pouvoir s'offrir une demeure de fonctionnaire chevronné ; Choko, la fiancée, était sa troisième fille.

La route était longue et Uzaki remarqua, pour la première fois, combien les jours s'étaient raccourcis en ce début d'automne. En effet, quand il fut de retour, il eut l'impression en voyant la nuit tomber qu'il lui restait trop à faire pour pouvoir tout mener à bien le jour même. Il y avait cette histoire de Kan qui était restée telle quelle depuis la fameuse nuit d'ivresse à Hakusan. Il y avait sa propre histoire du jour précédent quand il avait découvert, à Shitaya, le coq falsifié. Par chance, la lumière était allumée au salon et il fut mandé par le maître pour lui tenir compagnie durant ses libations vespérales ; il commença donc par conter sa mésaventure de la veille, mais, loin d'en prendre le moindre ombrage, Kaiseki parut trouver la chose cocasse et partit d'un grand éclat de rire :

— Vraiment, avec ma signature, soixante yens ? Ha, ha, ha !

Uzaki ne savait plus quoi dire quand la femme de chambre vint prévenir que le patron du magasin Kosuido de Kojimachi désirait saluer le maître.

— Je n'ai pas fini de dîner ; fais-le attendre.

En vieil habitué de la maison, le patron du Kosuido semblait accoutumé du fait et, quand il eut estimé que le temps était venu, il entra de son propre chef.

— Vous avez encore fait une bonne affaire, dites donc ! Comment s'est passée la vente, l'autre jour ?

Kaiseki restait assis en tailleur mais, loin d'être hautaine, son attitude était plutôt celle qu'il avait vis-à-vis des membres de sa famille ; de la même manière, Kosuido n'affichait aucun respect particulier et regardait autour de lui sans la moindre gêne :

— Pas mal du tout, mais ça n'est quand même pas le niveau d'il y a deux ou trois ans.

Il sortit de sa ceinture une magnifique blague à tabac dont les cordons étaient resserrés par une petite boule d'importation ancienne, ornée d'or. Agé de soixante ans ou plus, il portait un surtout de gaze unie bleu métallisé sur un kimono de pongé non doublé, une ceinture en tapisserie épaisse garnie d'une chaîne d'or, une bague en or au petit doigt. Il était chauve, et ses dents irrégulières immodérément recouvertes d'or, tant en haut qu'en bas, éclairaient chaque fois qu'il disait un mot son visage vulgaire, vérolé et comme écrasé, d'un éclat étrange.

— Je viens pour votre terrain à Naka-Rokubancho. Il paraît que la clinique Untel veut l'acheter.

Même en entrant dans le vif du sujet, Kosuido regardait encore ailleurs, ce qui semblait être une habitude chez lui. A l'époque où il avait ses entrées chez Tamaki Shiseki, il n'était qu'un brocanteur rapace mais, après la mort du maître, tandis que la renommée du disciple Kaiseki croissait d'année en année, le petit père fit de son côté progresser son commerce tant et si bien qu'il était devenu un antiquaire dont l'influence s'étendait sur les trois villes-phares du pays. Entre le peintre à succès et le vendeur de curiosités qui avait réussi s'étaient nouées sur des dizaines d'années des relations telles que même Uzaki, resté pourtant dix ans chez Kaiseki, en était parfois pris au dépourvu. Selon un brocanteur familier de la maison, si le Vénérable Kaiseki était maintenant le plus riche des peintres de sa génération, il le devait aux efforts inlassables déployés par Kosuido pour négocier ses actions. C'est pourquoi, sans présumer de ce qu'il disait en son absence, et malgré son coup de pinceau, le Vénérable Kaiseki ne pouvait lui tenir la dragée haute quand ils étaient face à face. Ce n'était certes pas avec sa seule brosse, si excellente fût-elle, qu'il aurait pu amasser aussi rapidement une fortune pareille. Par ailleurs, selon un autre intime du peintre, si Kosuido avait pu prospérer à ce point, c'était en premier lieu grâce à Tamaki Shiseki puis à Uchiyama Kaiseki qui lui avaient présenté, au fil de nombreuses années, de hautes personnalités des milieux officiels et civils, chance incomparable pour un brocanteur comme lui. D'une manière comme de l'autre, il était clair que leurs relations ne pouvaient en aucun cas être rompues.

Dans ce contexte, Uzaki affichait vis-à-vis de Kosuido la même infinie politesse et une attitude tout aussi pitoyable et misérable que lorsqu'il était avec maître Kaiseki. A vrai dire, pour les questions d'argent et en particulier après son emménagement à Fujimi, Uzaki avait reçu beaucoup plus d'aide de Kosuido que de son maître. Quand, en fin de mois, il était aux abois, il lui suffisait d'aller pleurer auprès du petit père Kosuido pour que ce dernier lui trouvât un travail à faire et, s'il n'avait rien à lui proposer, lui prêtât de l'argent de bon cœur. Devant ce commerçant qui, non seulement, avait su faire fortune mais qui savait, en plus, se montrer si généreux, Uzaki ne pouvait s'empêcher d'éprouver une très réelle admiration.

Comme il était maintenant question du terrain de Rokuban-cho, Uzaki s'esquiva discrètement pour aller faire la conversation aux dames, l'épouse du maître et Toshiko, qui se trouvaient dans la pièce à cérémonie du thé ; quand, après un temps convenable, il revint au salon, Kosuido s'apprêtait justement à partir, la pendule sonnant déjà neuf heures.

— Monsieur Uzaki, vous ne voulez pas rentrer ? Nous allons dans la même direction.

— C'est vrai. Je pourrais vous accompagner. Maître, vous n'avez plus besoin de moi ?

Dans le tramway, Uzaki se mit à raconter son histoire de la veille avec la peinture au coq. Le sourire de Kosuido qui découvrait ses dents dorées était vraiment repoussant.

— Qu'a dit le maître ?

— Il s'est contenté de rire.

— Ça ne m'étonne pas. C'est tellement fréquent. Ce n'est cependant pas une raison pour passer l'éponge. Quand vous verrez le patron de l'Unrindo, n'hésitez pas à le chicaner autant que vous le voudrez.

— Alors, c'est lui qui l'a fait ?

— Peu importe. Ce qui est grave, c'est qu'en vendant dans son magasin des articles semblables à ceux que l'on trouve dans les échoppes de nuit, il fait baisser les prix.

— Vous me voyez stupéfié. Je croyais simplement qu'Unrindo était aussi peu averti qu'un profane. On ne peut vraiment se fier à personne.

— Chez les brocanteurs, il n'y en a pas un pour racheter l'autre. Aucun de nous ne travaille proprement.

Quand on y pense, ce n'est pas très reluisant comme métier.

Tout en connaissant bien les tics de langage de Kosuido, Uzaki ne put s'empêcher de penser qu'il cachait quelque chose. Il avait envie d'en savoir plus et en détail ; mais quand il regarda du côté du petit père, il vit qu'ayant calé sa tête chauve sur la vitre de la fenêtre, et les narines tournées vers le plafond, celui-ci avait fermé les yeux, l'air tout à fait serein. Ne sachant s'il feignait ou s'il dormait pour de bon, Uzaki l'appela par son nom mais n'obtint pas de réponse. En désespoir de cause, il détourna les yeux pour dévisager vaguement les passagers du tram ou encore regarder par la fenêtre les quartiers qui défilaient devant lui.

VII

Ces deux ou trois dernières années, Kan avait écrit des comptes rendus sur les matches de base-ball ou de football et les tournois de tennis dans la revue *Le Monde du sport* et dans la rubrique sportive du quotidien *Le Journal d'Orient*. Les vingt yens qu'il recevait de ces deux publications constituaient la totalité de ses revenus, exception faite de l'argent de poche dont le gratifiait sa famille. Comme il n'avait toujours pas trouvé d'emploi satisfaisant, après en avoir discuté avec les responsables du *Monde du sport*, il s'était lancé dans la rédaction d'une sorte de guide pratique intitulé *Encyclopédie des sports du monde entier*; il devait traduire des ouvrages bon marché publiés dans les environs de Chicago, aux Etats-Unis, qui étaient des manuels de présentation de toutes sortes de jeux sportifs comme le base-ball ou le patinage. Mais, même lorsqu'il était étudiant, il n'avait que rarement consulté des livres assis devant une table. Ne se donnant pas la peine de prendre des notes pendant les cours, il courait emprunter celles de ses camarades à la veille des épreuves de contrôle; comme il avait consacré le plus clair de son temps tant au collège qu'à l'université à devenir maître dans l'art extrêmement dangereux de la triche aux examens, il lui arrivait très fréquemment de tomber sur des mots qu'il ne savait pas lire et quand il avait peiné sur un texte pendant une journée, il lui fallait trois ou quatre jours pour s'en remettre. Au risque de ne pas être rétribué, il ne pouvait toutefois pas laisser cette traduction inachevée et c'est pourquoi, ce jour-là, avec l'appât du gain pour seul motif, il s'était mis à sa table tôt le matin ; tout en pestant tant et plus, il avait, sans relâche, ouvert et fermé ses dictionnaires jusqu'après midi. Mais son embonpoint était tel qu'il ne pouvait guère rester assis en tailleur plus d'une heure ; il avait beau maintenant changer de position, étendre une jambe après l'autre, il était à bout de patience. Ses genoux le faisaient souffrir comme s'ils étaient en miettes et ses épaules étaient raides comme une planche de bois.

« Je n'en peux plus ! » dit-il en jetant sa plume ; droit comme un piquet au beau milieu de la chambre de taille moyenne, il se mit à s'étirer de toutes ses forces, agitant les bras en tous sens, à la manière d'un sémaphoriste. Il se sentait une envie folle de transpercer les murs et le plafond de la pièce où il se trouvait. Claquemurer ce corps presque trop robuste et l'appétit charnel qui allait de pair dans une maison exiguë, c'était comme enfermer un lion dans une cage. Même si, par chance, il trouvait un emploi, il ne pourrait jamais devenir, par exemple, un banquier qui passe ses journées assis sur une chaise. On le voyait plutôt chef de chantier ou ingénieur des travaux publics travaillant à l'extérieur, en plein vent, avec pour partenaires des tâcherons et des mottes de terre.

Le vent qui pénétra soudain par la fenêtre ouverte avec un bruit d'averse caressa le profil et le corps de Kan en train d'agiter ses deux bras. C'était ce délicieux vent qui marquait la fin des chaleurs de l'été et annonçait la venue de l'automne au ciel limpide et aux gras pâturages. Laissant telles quelles les deux ou trois pages de traduction qui s'étaient envolées sous la table, Kan sortit brusquement. Il n'avait toutefois aucune idée de l'endroit où il allait. Avec, en tout et pour tout, cinquante ou soixante centimes dans son porte-monnaie, il savait bien qu'il ne pouvait se rendre à la Midori-ya, la maison de rendez-vous de Hakusan, mais, malgré la distance à couvrir, comme attiré par un aimant, il se mit à descendre à pied la côte de Hiyoshi. Etant à la charge de ses parents, il n'avait jamais assez d'argent pour ses distractions et il avait mis au point un système selon lequel il proposait sans ambages le mariage à l'élue du moment, sans établir de distinction entre les femmes, qu'elles fussent geishas, servantes ou serveuses; il réussissait une fois sur trois à obtenir un simple rendez-vous. En effet, il avait tout l'air d'un jeune patron de bonne famille et, si certaines ne se laissaient pas abuser, la plupart des autres prenaient ce qu'il disait pour argent comptant; quand, par contre, elles découvraient sa mauvaise foi, il arrivait qu'elles se fâchassent. D'une manière comme de l'autre, cela se terminait par le versement d'une somme de rupture plus ou moins importante; ses parents étaient tellement excédés qu'ils avaient conçu le plan de le marier le plus tôt possible après la fin de ses études à l'université, sans même attendre qu'il ait trouvé un emploi. Il serait ainsi préservé des mauvaises femmes. Une fois que ce problème aurait été réglé, il n'aurait, sans aucun doute, que le choix pour s'établir… C'était un être si remarquable… à part ses écarts de conduite sur ce point-là, il n'avait aucun défaut… Telle était du moins l'opinion tout à fait partiale de ses parents. De son côté,

Kan n'avait jamais réfléchi à la notion de foyer ; pour lui, le mariage était la mise à sa disposition personnelle d'une jeune fille ; non seulement il en éprouvait de la curiosité mais il trouvait aussi cela très pratique puisque les stratagèmes plus ou moins tordus seraient désormais inutiles. Alors, quand par exemple il était sans le sou, il lui arrivait de trouver le temps long jusqu'au jour de la cérémonie et les tentations imprévues le faisaient souffrir car elles étaient devenues inopportunes.

Kan changea deux fois de tramway pour attraper celui qui, allant à Sugamo, le mènerait jusqu'à Koishikawa-Sasugaya ; la route était longue du sud au nord de ce trop vaste Tokyo, mais, tendu vers son but, il alla du plus vite qu'il put. Après avoir tourné dans la venelle habituelle, misérable et sordide, il fit maintes et maintes fois l'aller-retour devant le portail de la Wakematsuhana-ya, la maison de geishas dont dépendait Kimiyu. Il espérait en effet pouvoir profiter d'une apparition de cette dernière à la porte à claire-voie, ou derrière une fenêtre à treillis, ou encore à la balustrade du premier étage pour l'appeler en catimini et la convaincre de l'accompagner dans une gargote de nouilles ou une pâtisserie. Contrariant le plan de Kan, Kimiyu ne se montrait pas plus à une embrasure qu'à la porte. Soudain, en provenance de la venelle opposée, surgit une geisha, l'ombrelle à la main, selon toute apparence en route vers ses occupations ; en y regardant bien, il s'agissait de Kohana, la geisha au chignon en forme de feuille de ginkgo renversée qui était venue le soir où il avait entraîné Uzaki à l'accompagner. Repéré avant même d'avoir pu l'éviter, il saisit la balle au bond :

— Dis, Kohana, sais-tu si Kimiyu est là ?

— Je peux demander, si vous voulez.

Kohana s'approcha tranquillement de la fenêtre de la Wakematsuhana-ya. Kan avait à peine eu le temps de s'éloigner d'une dizaine de mètres qu'elle était déjà de retour :

— Elle est allée chez elle pour des raisons personnelles. Elle ne saurait tarder. Allez donc l'attendre à la Midori-ya.

— Tu as à faire, toi aussi ?

— Oui, je dois me rendre à Fujimi.

— A Fujimi ? J'ai justement quelque chose à y faire. Ne te méprends pas. Pas dans une maison de geishas.

— Vous allez voir M. Uzaki.

— Comment le sais-tu ?

Abasourdi, Kan ouvrit tout grands ses petits yeux d'éléphant. Par quel concours de circonstances véritablement inouï l'adresse d'Uzaki pouvait-elle être connue d'une geisha du quartier de Hakusan où ce dernier s'était, en principe, rendu pour la première fois l'autre jour ? Devant l'expression comique du visage de Kan, Kohana ne put se retenir :

— Ho, ho, ho ! Eh bien oui, je sais tout. En fait, ma sœur aînée tient une maison de rendez-vous à Fujimi.

— Vraiment ? Une maison de rendez-vous ?

— La maison Yukai. Vous devez la connaître. J'y suis allée hier pour une affaire privée et j'y ai, tout à fait par hasard, rencontré M. Uzaki.

— Comment ça ? Uzaki dans une maison de rendez-vous ? Il était seul… ou accompagné ?

L'étonnement de Kan était si excessif que Kohana en prit conscience tout à coup :

— Je l'ai juste entr'aperçu dans la rue. Il entrait dans la maison voisine de la Meigetsu-ya. Ce doit être chez lui.

Elle avait beau tenter de rattraper la situation, Kan insistait :

— Uzaki était-il seul ou avec quelqu'un ?

— Ça avait tout l'air d'une discussion d'affaires très délicate. Il ne semble pas qu'ils aient fait venir des geishas. J'avais un engagement, alors je suis partie très vite…

Tout en s'emmêlant dans des paroles incohérentes, Kohana poursuivait si bien son chemin qu'ils étaient parvenus à la rue des tramways ; aussitôt, comme s'il craignait le regard d'autrui en plein jour, Kan s'éloigna de quelques pas. La chance voulut qu'un tram surgisse précisément à ce moment-là et Kohana le prit sans attendre comme si elle s'enfuyait.

Pétrifié de stupeur, Kan resta quelque temps à regarder le tramway s'éloigner puis, semblant s'être soudain souvenu de quelque chose, s'en retourna dans la venelle pour se retrouver devant la porte de la Midori-ya.

— Bonsoir ! J'ai un service à te demander. Passe-moi du papier et un pinceau.

Et il s'assit devant le comptoir.

— Fais porter ce pli à Fujimi. Tu diras au porteur de pousse que c'est pour M. Uzaki, à telle adresse.

Avec l'intention d'attendre la réponse sur place, Kan tournait en rond devant le comptoir mais il avait tant de factures impayées que la patronne ne se soucia ni de lui servir à boire ni de lui faire la conversation si bien que, furieux, il sortit à nouveau dans la rue. Elevé dans un cocon, à l'abri du monde, et habitué à ce qu'on lui passe tous ses caprices, Kan s'irritait terriblement dès qu'une situation n'évoluait pas dans le sens qu'il désirait ; c'était un de ces parasites qui n'hésitaient jamais à déranger les gens de leur entourage. Il n'eut pas plutôt envoyé le tireur de pousse faire sa course qu'il décida de se rendre lui-même chez Uzaki, où il arriva sans délai.

En l'absence de son épouse partie aux provisions, Uzaki avait reçu lui-même la lettre de Kan ; il avait aussitôt enfilé un surtout et se hâtait de sortir lorsqu'il rencontra Kan sur le seuil ; les yeux injectés de sang, celui-ci respirait bruyamment.

— Que vous arrive-t-il ? Je viens de lire votre lettre.

— Dis-moi, tu t'es bien amusé hier soir ?

Dans le ton de la voix de Kan perçaient manifestement indignation et envie.

— Comment ? De quoi... ?

— Les mauvaises nouvelles ont des ailes. Uzaki, tu vas m'emmener à la Yukai-ya. On m'a humilié ce soir, à Hakusan.

— Quoi ? Que voulez-vous dire... ?

Uzaki était tout à fait affolé.

— Où que j'aille, je compte pour du sel qu'on balance en exorcisme. Emmène-moi chez Yukai.

— Yukai... ?

— Ne fais pas l'innocent ! Kohana t'attend.

— Ah, vous étiez avec elle ! C'est donc cela ! Tout s'éclaire ! En tout cas, je vous accompagne.

Uzaki avait compris qu'ayant, ce soir, mandé Kohana à la Midori-ya, Kan s'était mis en colère en apprenant ce qui s'était passé la veille. En fait, quand il s'était rendu dans la soirée chez Unrindo, le marchand d'œuvres d'art qui s'était établi récemment à Ichigaya, près des douves du palais impérial, pour y parler affaires, le patron avait insisté pour l'inviter chez Yukai, une maison de rendez-vous située à Sanban-cho. Uzaki avait appris par la suite que cette maison était tenue par la propre maîtresse de ce dernier qui y amenait d'emblée les clients venus traiter des affaires trop délicates pour être abordées au magasin. En chemin, Uzaki fit un exposé complet de la soirée, avec force détails, y compris sa rencontre avec Kohana qui se trouvait là par hasard. Tout à l'idée de pouvoir passer une soirée avec des femmes, Kan se rassérénait peu à peu, tandis qu'ils dépassaient, l'une après l'autre, les maisons de geishas du voisinage.

Après avoir atteint la grand-rue, ils s'engagèrent dans une ruelle qui s'ouvrait en diagonale de l'autre côté, puis ils tournèrent dans une venelle où se trouvait, entre une pension de famille malpropre et un minuscule magasin de prêteur sur gages, une maison vétuste à étage. Avec son petit portail agrémenté d'un saule et sa palissade en vieilles planches de bateau, elle avait, d'une manière indéfinissable, tout de l'apparence d'une maison de rendez-vous : c'était la Yukai-ya. Ils ne furent pas plutôt entrés que la fameuse Kohana se précipita avant même la servante et, sans crier gare, s'agrippa à Kan qu'elle attrapa dans le dos :

— Monsieur Uchiyama, comme c'est gentil de l'avoir amené. C'est qu'il a un cœur de pierre, mon homme !

Devant la chiquenaude dont elle dota Uzaki sur l'épaule, Kan retrouva complètement sa bonne humeur, mais l'intéressé fixa Kohana d'un regard noir et, se forçant à sourire, s'engagea dans l'escalier pour monter à l'étage.

Kohana téléphona aussitôt à Hakusan pour mander Kimiyu, la favorite de Kan, mais cette dernière n'était toujours pas rentrée ; elle s'en remit alors au choix de la patronne de la maison pour faire venir, en attendant, une geisha locale qui se présenta sous les traits d'une jeune fille potelée de dix-sept, dix-huit ans au grand chignon d'apparat. Fard blanc appliqué sans soin, avec des traces de poudre, surcol de couleur cousu à grands points irréguliers, kimono léger de simple épaisseur dont les dessins sur la traîne étaient défraîchis. Elle ne buvait pas plus qu'elle ne parlait et se comportait en tout point comme un chat emprunté, ne servant pas à grand-chose. Sans doute totalement liée par sa dette, ce devait être une débutante qui avait été lancée dans le monde sans avoir appris les rudiments des règles du jeu. Kohana animait toute seule la compagnie :

— Voulez-vous bien lever le coude un peu plus vite !

Elle avait beau insister, Uzaki persévérait dans sa tempérance et ne consentait à avaler une gorgée qu'après avoir refusé maintes coupelles, d'autant plus librement qu'il n'était aujourd'hui nullement forcé par Kan qui laissait faire ; en fait, ce dernier n'attendait que le signal de la servante dont le « Par ici, s'il vous plaît ! » tardif lui permit enfin de quitter la pièce. Immédiatement de retour, la servante appela du corridor, sans la moindre discrétion :

— Mademoiselle Tatsumaru, c'est la petite chambre au bout du couloir.

Le regard vague, Tatsumaru, qui était assise devant la table basse, ne répondit pas plus qu'elle n'eut l'air étonné ; toujours aussi muette, elle se leva d'un trait et s'en alla en reniflant bruyamment, comme si elle avait attrapé un rhume, avec un manque de grâce confondant.

Dès qu'il fut seul avec Kohana, Uzaki :

— Tu te rends compte de ce que tu as fait ? Tu n'as pas à raconter aux autres ce qui s'est passé hier. C'est très embarrassant.

— Pardonnez-moi, cependant ce n'est pas moi qui ai commencé. C'est lui qui a mis la marmite sur le feu.

Inquiète, Kohana releva son visage qu'elle avait tenu baissé et, la mine contrite, regarda Uzaki à la dérobée. La servante revint :

— Excusez-moi de vous avoir fait attendre. Mademoiselle Kohana, veuillez montrer le chemin.

— Monsieur Uzaki, pardonnez-moi, je vous en prie. S'il vous plaît !

Kohana s'était levée la première :

— Si nous allions dans l'autre pièce…

Toujours silencieux, Uzaki paraissait d'une humeur massacrante mais, devant le redoublement des excuses de Kohana qui, dès qu'ils furent dans le petit salon voisin, se mit vraiment en quatre pour le détendre, apparemment mue par le désir de se faire pardonner l'ennui qu'elle lui avait causé, il ne put s'empêcher d'être intrigué par la démesure des efforts qu'elle déployait car, même s'il n'était pas complètement dupe et doutait vaguement de leur sincérité, après tout, c'était quand même une femme vénale : pourquoi se donnait-elle tant de mal pour un pourboire qui, tout bien compté, ne saurait excéder les deux yens ? C'est ainsi qu'il connut, ce soir-là, pour la première fois, le goût rare et inattendu du divertissement. Ce n'est pas qu'il ne se fût jusqu'à ce jour jamais amusé, mais comme il s'agissait d'invitations ou d'obligations, cela s'était limité à l'ivresse du moment ; il n'avait jamais eu l'occasion d'acheter la même femme plus d'une fois. Dans le cas de Kohana, le concours de circonstances était singulier : après qu'on l'eut mandée le soir où Kan l'avait entraîné à Hakusan, il l'avait revue une seconde fois la veille quand il avait été invité par Unrindo et, tandis que le rêve n'était pas encore dissipé, il se trouvait amené à partager aujourd'hui son intimité avec elle pour la troisième fois, sans l'avoir prévu le moins du monde. Uzaki avait décidé une fois pour toutes que la fréquentation intime d'une geisha signifiait de l'argent jeté par les fenêtres, sous forme de cadeaux en espèces, vêtements, montres et bagues, avec, au bout du compte, le versement d'une somme de rupture ; c'est ainsi que le dégoût, le mépris et la crainte qu'il éprouvait pour les femmes publiques ne s'effaçaient pas facilement du fond de son cœur et qu'il en était venu à considérer les sensations créées par la dégustation du saké à petites gorgées et la somnolence tranquille comme les vrais plaisirs sans mélange des quartiers du même nom et de leurs établissements.

Pleine d'attentions, Kohana venait d'apporter le saké ; alors même qu'en secouant le carafon pour le jauger, celui-ci résonnait encore, Uzaki fut gagné par une agréable et langoureuse torpeur qui le plongea instantanément dans un profond sommeil ; quand il ouvrit les yeux, les derniers rayons de soleil filtraient à travers les parois de papier translucide de la fenêtre aux volets mi-clos et la mélopée du marchand de pâté de soja se mêlait aux coups de sifflet de la fabrique lointaine. A ce moment précis, quelqu'un alluma le lustre aux cinq lampes qui était suspendu à bonne hauteur dans la partie ajourée surmontant la cloison de séparation avec le salon voisin, dans un apparent souci d'économie, puisqu'il servait à éclairer les deux pièces d'un coup. Cependant, dans la petite chambre au paravent dressé, la lumière ainsi dispensée fit de l'ombre aux rayons du soleil couchant et la nouvelle obscurité diffusa une étrange mélancolie.

Uzaki tendit l'oreille pour savoir s'il y avait âme qui vive à côté mais rien ne lui permit de le supposer. Kan devait être un peu plus loin et, de toute façon, tout l'étage était silencieux comme en pleine nuit. Voulant prendre la carafe d'eau posée près de l'oreiller, Uzaki allongea le bras ; ne parvenant pas à l'atteindre, il se redressa à moitié et, dans un état second, se mit à nouveau à passer en revue son environnement…

Le soir venu, au moment où Kan proposait de rentrer, survint le patron de l'Unrindo ; enchanté de rencontrer pour la première fois le fils de maître Uchiyama, il exprima sa reconnaissance en faisant livrer des mets de choix et en mandant à nouveau des geishas ; pour finir, toute la bande s'engouffra dans une automobile pour aller à la maison Midori à Hakusan où ils firent venir Kimiyu, la régulière de Kan, et terminèrent la soirée dans un joyeux vacarme. Quand Uzaki regagna ses pénates, il était plus d'une heure du matin.

VIII

Dans la matinée du surlendemain, Uzaki fit une nouvelle fois coulisser la porte à claire-voie de la maison Yukai. Quitte à se saigner aux quatre veines, il était bien décidé à régler intégralement la note de l'avant-veille et avait retiré de son compte de dépôt à la banque les économies destinées à couvrir les dépenses imprévues ; c'est ainsi qu'il était venu avec cinquante yens bien au chaud sur sa poitrine. Le dommage serait, en effet, bien plus considérable si, à cause d'une facture de maison de rendez-vous, la négociation primordiale sur la falsification de la peinture au coq et aux pousses de bambou devait se terminer de façon ambiguë. Encore sous l'impression de la façon de parler pleine de sous-entendus de Kosuido lors de leur conversation sur le chemin du retour de la résidence Uchiyama, Uzaki s'était rendu dès la première heure le lendemain à Ichigaya où, à proximité de la porte Hanzobo et des douves du Palais, se trouvait le magasin Unrindo, signalé par une pancarte peinte : « Achat et vente de peintures, calligraphies, armes et antiquités » ; il voulait un entretien sérieux. Le patron avait paru frappé de stupeur. Quelle histoire outrageante ! Vous avez bien fait de m'en avertir ! Je vais de ce pas diligenter une enquête auprès de mes confrères. Je vous demande de bien vouloir m'accorder quelque temps. En tout cas, je suis vraiment désolé pour la gêne que cela vous cause. C'est le fait de mon inadvertance. Il s'était tant et si bien confondu en excuses que l'heure du déjeuner avait sonné et qu'il avait emmené Uzaki à la maison de rendez-vous Yukai qui était, en même temps, la demeure de sa maîtresse ; du fait de la présence inopinée de Kohana, ils n'avaient pu poursuivre leur discussion sur la contrefaçon et les choses en étaient restées là.

Au roulement de la porte à claire-voie, la servante fraîche émoulue de la campagne qui faisait le ménage, les pans de son vêtement de nuit relevés, le salua familièrement sans prendre la peine de rectifier son accoutrement :

— Bienvenue ! Entrez donc !

Elle le conduisit aussitôt à l'étage. Avant même de s'asseoir sur un coussin, Uzaki la prévint :

— Aujourd'hui, je veux parler à ta patronne.

Et il se mit à tortiller sa moustache. Toujours aussi familière, la servante :

— Je vais téléphoner à Mlle Kohana.

— Ne dis pas de bêtises. Pas question de ça aujourd'hui. Va dire à ta patronne que je suis pressé.

— Bien.

Légèrement interloquée, la servante descendit au rez-de-chaussée mais le temps passa sans que personne apparût. Les maisons voisines bruissaient du battement des balayettes. Le ménage ne semblait pas être terminé à l'étage où il se trouvait car les portes et les cloisons coulissantes étaient toutes ouvertes ; comme si de rien n'était, Uzaki jeta un coup d'œil autour de lui et remarqua le désordre qui régnait dans la petite pièce contiguë où rien n'avait été rangé après le départ d'une geisha et de son client le matin même ou la veille au soir.

— Veuillez m'excuser de vous avoir fait attendre.

Surpris par la voix de la patronne qui montait l'escalier, Uzaki reprit prestement sa position initiale.

— Merci pour votre visite de l'autre soir. Oh, on ne vous a porté ni nécessaire à fumer ni tasse de thé ! Je suis désolée.

Elle frappa aussitôt dans ses mains.

Trente-deux, trente-trois ans, des sourcils peu fournis, la racine des cheveux mal plantée ; un visage ovale dont le teint déjà mat à l'origine était dénué d'éclat peut-être à cause de l'heure matinale ; les cernes bleu-noir autour des yeux très visibles, elle était manifestement entrée dans la phase de déperdition de ses attraits ; cependant, au peigne de buis planté droit dans son chignon rond défait par le sommeil, à sa manière négligée de porter le kimono de coton bien trop léger pour cette froide matinée qui précédait de deux ou trois jours le passage aux vêtements de mi-saison, à la façon de desserrer sa demi-ceinture étroite, à la tenue de ses épaules sur lesquelles elle avait enfilé une veste courte à petits motifs reteints, n'importe qui pouvait supposer qu'il avait affaire à une ancienne geisha plutôt qu'à une tenancière de maison de rendez-vous.

Jusqu'à très récemment, elle avait, comme sa sœur cadette Kohana, été liée à une maison de geishas de Kagurazaka et avait officié sous le nom de Kichiyakko. Sa carrière dans les eaux fangeuses s'étalait sur presque vingt années puisqu'elle l'avait commencée à seize ans ; elle avait donc, bien sûr, eu quelques protecteurs et attrapé de sales maladies ; elle avait, par-ci par-là, contracté et remboursé des dettes accumulées ; mais, avec le temps, sans qu'elle s'en aperçoive, sa dette initiale s'était peu à peu allégée et le moment était venu où il lui avait fallu réfléchir à la manière de finir sa carrière ; c'était précisément l'époque où un conflit avait éclaté entre les maisons de rendez-vous de Fujimi et la guilde des maisons de geishas ; deux courants s'étaient formés qui rivalisaient si bien entre eux que la conjoncture était excellente pour ouvrir une maison de rendez-vous ; Kichiyakko avait saisi l'opportunité pour demander à son plus ancien client régulier, le patron de l'Unrindo, de financer cette entreprise et elle avait pris avec elle sa vieille mère qui avait travaillé comme domestique par monts et par vaux.

Quand Uzaki était venu pour la première fois sur l'invitation d'Unrindo, il avait, bien sûr, appris les grandes lignes de cette histoire et aussi la relation de parenté qui existait entre la patronne de cette maison et Kohana de Hakusan, surgie tout à fait par hasard, mais ça n'était pas important au point de rester gravé dans son esprit ; il s'était contenté de rire de l'étrangeté de la situation et n'avait pas pris la peine de détailler l'apparence ou les traits de la patronne en question. Cependant, maintenant qu'il lui faisait face, il était soudain frappé par la ressemblance entre les deux sœurs, sans pouvoir dire précisément où elle se trouvait ; tant par l'allure que dans la façon de parler, elles avaient un air de famille et ce fut comme une révélation pour lui ; sur l'aînée qui, encore marquée de son aura de geisha, venait tout juste de se réveiller, Uzaki vit très nettement se superposer l'image de la cadette Kohana telle qu'elle était l'avant-veille. Reparti dans les sentiments qui l'agitaient tout à l'heure quand il regardait le petit salon contigu, il resta quelque temps à dévisager la sœur aînée, les yeux dans le vague ; quand il eut pris conscience de la présence de la vieille maman aux cheveux blancs venue apporter le nécessaire à fumer et les feuilles de thé :

— Madame la patronne, je suis ici pour régler la note d'avant-hier. A combien se monte-t-elle ?

— Je ne puis accepter. J'en ai reçu la consigne formelle. Tout est en ordre.

— Ça n'est pas possible. Ça fait beaucoup trop avec la note de Hakusan…

Uzaki ne pouvait détacher son regard. La patronne tentait de rectifier le haut de son kimono de coton usé par les lavages dont l'échancrure avait tendance à bâiller.

— Pour la Midori-ya, j'ai moi-même téléphoné hier ; Unrindo a tout réglé.

— Ça faisait combien ? On a tellement bu !

— Je n'ai pas vu la note ; j'en ignore le montant. Peu importe d'ailleurs. C'est lui qui paie. Laissez-le faire.

— Dans ce cas, je veux au moins régler l'addition ici. Celle de Kan et moi…

Ce disant, Kan sortit son portefeuille.

— Je vais me faire réprimander par Unrindo. Disons que vous réglerez la note à partir de la prochaine. N'est-ce pas, maman ? Viens voir !

Forçant la voix, la tenancière avait tendu le cou vers l'escalier pour appeler sa mère. Ce faisant, elle avait naturellement cambré le haut de son corps et s'appuyait maintenant sur un bras de telle manière que son kimono s'était carrément ouvert ; Uzaki trouva cette posture pleine de charme car elle lui rappelait à nouveau la Kohana de l'avant-veille.

Après avoir lentement gravi l'escalier, la mère revint. La cinquantaine encore robuste malgré les yeux clignotants, c'était une vieille femme à l'air obtus et craintif.

— N'est-ce pas que le patron a tout réglé hier ?

— Puisqu'il en est ainsi, c'est d'accord. Mais acceptez au moins ceci en témoignage de ma reconnaissance.

Tout en regrettant de n'avoir mis dans son portefeuille que des billets de dix yens, Uzaki en sortit un qu'il plia en deux avant de le faire glisser jusqu'à la patronne.

— Je vous remercie… mais c'est beaucoup trop !

— Je vous en prie.

— Eh bien, j'en prendrai la moitié et donnerai l'autre à notre petite Kohana. N'est-ce pas, maman ? Va donc lui téléphoner.

— Elle n'est pas venue hier ; on va la voir aujourd'hui.

Et la mère repartit vers l'escalier. Sur le ton de la confidence, la patronne :

— Elle passe pratiquement tous les jours vers midi. Elle dit qu'il n'y a pas de bon coiffeur à Hakusan et continue d'aller chez un maître à Ushigome, près d'ici. Au retour, elle ne manque jamais de nous rendre visite. Prenez donc votre temps.

— Non, aujourd'hui, je ne peux rester.

Uzaki ne montrait cependant pas la moindre velléité de se lever. La voix forte de la mère :

— Alors, viens tout de suite. Tout de suite, tu entends ? C'est d'accord, je lui demande d'attendre.

Elle était au téléphone, mais on l'entendait à l'étage. Sans perdre un mot de la conversation téléphonique, la patronne regarda du côté d'Uzaki :

— Je vous apporte un carafon ?

— Je vais encore y passer la journée. Aujourd'hui, je vais m'abstenir.

— Attendons qu'elle soit là. D'ailleurs, ça va être l'heure du déjeuner. Et si on s'offrait un petit festin, tous ensemble ? Ici, la clientèle est si réservée que c'est moi qui dois tout faire… ho, ho, ho !

Au moment où la mère revenait dans la pièce, le roulement de la porte à claire-voie leur parvint. La tenancière en reconnut immédiatement le timbre :

— Maman, c'est le patron.

Unrindo avait grimpé l'escalier avant même que la vieille ait eu le temps de redescendre. A mi-course, il s'exclama :

— Maître Uzaki, comme ça tombe bien ! J'avais justement l'intention d'aller vous voir. Je suis désolé que la discussion ait déraillé l'autre jour.

Surplis de serge, surtout de gaze de soie, la mi-trentaine. Ses airs d'étudiant étaient peut-être dus à sa raie dans les cheveux, à ses lunettes ou à sa langue bien pendue au débit torrentueux ; tout comme ce vieux madré de Kosuido, Unrindo n'était pas un antiquaire pur-sang. A l'origine apprenti graveur chez un lithographe, il avait ensuite tâté de diverses activités pour finir par vendre à la criée dans les échoppes de nuit et sur les marchés des temples des articles d'importation ou des produits de maquillage ; c'est alors qu'ayant séduit la veuve d'un bouquiniste du quartier de Hongo, il avait mis la main sur les économies de cette dernière qu'il avait épousée en renonçant à son nom pour prendre celui du libraire ; il avait continué de s'occuper du magasin mais avait ouvert parallèlement, avec de l'argent gagné dans la spéculation sur le riz, une galerie de tableaux et de calligraphies. Toutefois, comme les expertises des œuvres de maîtres d'autrefois étaient délicates, et comme il n'avait, par ailleurs, aucune accointance valable dans ce milieu, il choisit de ne vendre que les peintres débutants dont on parlait ; il eut un tel succès qu'il finit par fermer la librairie pour ne plus se consacrer qu'au négoce de l'art et, accessoirement, à l'agiotage d'actions. Ayant gardé en toute chose son air d'étudiant, sa manière sommaire de se conduire tant avec ses clients qu'envers ses collègues et de se dire seulement amateur devint contre toute attente le levain de sa réussite.

— Maître, il m'est arrivé une chose vraiment désagréable. L'escroquerie de l'autre jour est le fait du brocanteur Dokodo. Je suis allé le voir hier pour discuter. Quelle abominable façon de travailler ! Quelle cupidité et quelle malhonnêteté ! J'en étais écœuré. Mais je lui ai, quand même, en tout état de cause, extorqué trente yens.

Affichant effectivement l'air de celui qui vient d'accomplir un exploit, Unrindo fit glisser jusque devant Uzaki une enveloppe intacte qui devait contenir les trente yens.

— Maître, je vous en prie, veuillez accepter mes excuses.

— Vous vous êtes, en effet, donné bien du mal. Mais je ne vous ai pas conté cette histoire pour en tirer de l'argent. C'était simplement parce que j'étais gêné vis-à-vis de maître Uchiyama.

— Je l'avais bien compris et c'est pourquoi j'ai tempêté comme je l'ai fait. D'ailleurs, je serai désormais sur mes gardes ; si cela devait se reproduire, ma bonne foi risquerait d'être mise en doute. A propos, Maître, ne voudriez-vous pas faire une exposition de vos œuvres ? Si les prix étaient de l'ordre de trois à cinq yens, je suis sûr qu'il y aurait foule, ne serait-ce qu'avec les maisons de rendez-vous des environs. De Fujimi à Kagurazaka en passant par Yotsuya, il y en a, paraît-il, de cinq à six cents. Même si on se contente seulement de la moitié, ça fait tout de même trois cents établissements. Vous peindriez des œuvres destinées à ce type de clientèle et on pourrait peut-être envisager une sorte de tombola dont le prix serait… pourquoi pas, Maître… une de ces œuvres revêtues du tampon spécial qui circulent dans les manches de kimono. Qu'en dis-tu, O-Machi ?

Le visage tourné vers la patronne, il poursuivit :

— Tu déléguerais Kohana pour battre le rappel d'Ushigome à Hakusan.

En homme habitué à vendre à la criée dans les échoppes de nuit, il parlait à tort et à travers et, quand il était lancé, nul ne pouvait l'interrompre.

Sur le coup de midi survint Kohana accourue en grande hâte de sa maison de Koishikawa. Après avoir avalé de concert du poulet en marmite, Uzaki pensait rentrer chez lui mais, ne sachant comment justifier son visage coloré par l'alcool en plein jour, il décida si bien d'attendre la tombée de la nuit qu'insensiblement il fut bientôt près de minuit. Refusant les avances de Kohana qui lui proposait de prolonger la soirée, Uzaki regagna sa demeure.

Il s'endormit aussitôt mais, dès son réveil à neuf heures le lendemain matin, il était encore couché que, sans même savoir ce qu'il faisait, il se prit à penser à Kohana. Non pas qu'il l'aimât. Il s'agissait plutôt d'un sentiment étrange, une sorte de nostalgie de sa peau. Il s'en fut prendre un bain matinal mais, alors qu'il se croyait guéri de cette pesante sensation, il se sentit, cette fois, la gorge sèche et n'eut de cesse d'absorber du saké, en si minime quantité fût-il. Il eut beau boire force tasses de thé longuement infusé, sa soif d'alcool était inextinguible. Il ne lui était jamais arrivé, jusqu'à ce jour, d'avoir envie de saké dès le matin. D'ailleurs, son habitude de boire une mesure de saké chaque soir ne remontait pas à plus de deux ou trois ans et il était, au fond de lui-même, convaincu de pouvoir s'arrêter à tout moment. Il avait donc suffi des quelque quatre ou cinq jours où il avait fréquenté la maison Yukai pour se retrouver dans cet état-là. Farouchement déterminé à faire attention, Uzaki se dit que le meilleur moyen de résister était de se distraire par le travail mais il n'avait malheureusement rien en chantier. Il avait pourtant acheté, une semaine plus tôt, de la soie qu'il avait tendue sur un cadre et glacée de sorte qu'il ne lui restait plus qu'à appliquer le pinceau mais, même si le délai n'en était pas fixé, c'était une œuvre de commande pour Kosuido dont le prix viendrait en déduction du total de ses emprunts cumulés depuis l'an passé : c'est pourquoi il ne parvint pas plus ce jour-là qu'auparavant à amorcer une esquisse. A partir de l'évocation de sa dette auprès de Kosuido qui s'élevait encore, l'un dans l'autre, à une centaine de yens, Uzaki se lança dans de folles élucubrations sur ce que seraient désormais ses dépenses mensuelles : en effet, maintenant que les enfants avaient grandi, les débours pour la vie quotidienne avaient plus que doublé par rapport à l'époque où il s'était installé à son compte et il ne pouvait pas s'en sortir à moins de cinquante, soixante yens ; si l'on savait, par ailleurs, qu'une soirée à la maison Yukai revenait à six ou sept yens et s'il s'y rendait un jour sur deux, il fallait prévoir des sorties d'argent excédant les deux cents yens par mois. Puis Uzaki consulta à maintes reprises son carnet de dépôts bancaires et compta plusieurs fois les billets contenus dans son portefeuille. Parmi ceux-ci se trouvaient les trente yens qu'Unrindo lui avait remis la veille dans une enveloppe ; avec la somme retirée à la banque, il y avait presque cent yens.

Occupé comme il l'était, la matinée passa étrangement vite et Uzaki entendit bientôt la voix d'O-Kei, sa femme, qui, du rez-de-chaussée, l'appelait pour déjeuner ; quand il se retrouva assis devant la table sur laquelle était disposées une matelote de morue salée et des racines de lotus âcres carbonisées, il fut à nouveau la proie d'un sentiment indescriptible, ce désir incoercible de boire à midi la mesure de saké ordinairement réservée au repas du soir. Mais O-Kei savait bien que l'alcool ne se buvait que lors du dîner ; en épouse attentionnée, elle apporta la bouilloire de thé bouillant avec le riz froid. Habituellement coiffés en chignon fait à la maison, ses cheveux pendaient autour de son visage chevalin aux dents proéminentes, lui donnant ce jour-là un air particulièrement décrépit et malpropre ; d'ailleurs, toute la maison avait un air encore plus dévasté que d'habitude comme si les deux gamins s'étaient particulièrement acharnés sur les fenêtres et cloisons de papier, les tatamis et même la véranda. Ainsi mis en condition, Uzaki se mit à réfléchir sur ce qui n'avait pas, jusqu'à ce jour, retenu son attention : ils avaient, à leur gauche, la maison de rendez-vous Meigetsu et, à leur droite, une maison de geishas au nom interminable, la Wakamatsuchiyotsuta-ya, mais ce n'était pas tout. Où que le regard se portât à partir des fenêtres du premier étage et même de la véranda, ce n'était que ça ; et quand on montait sur le toit-terrasse, on avait beau regarder à perte de vue jusqu'à Sanban-cho où se trouvait la maison Yukai, ce n'était guère mieux ; il ne pouvait décidément pas rester dans un tel taudis…

Après avoir avalé un bol de riz au thé insipide, Uzaki décida de se rendre à sa banque située sur la grand-rue où passaient les tramways car il n'était pas bon de garder dans son portefeuille une somme approchant les cent yens, mais il n'eut pas plutôt franchi le portail que, frappé par le va-et-vient des geishas du voisinage, il se souvint brusquement de cette question du déménagement. Il revint sur ses pas pour appeler sa femme :

— Il fait beau aujourd'hui, je m'en vais chercher une maison. Il nous en faut une à tout prix. A force de traîner, ce sera trop tard car le froid va venir.

IX

Lacis des innombrables ruelles du quartier de Shirogane reliant en arrière-plan la côte de Takadai en contrebas de la côte de Gyoran dans la direction de la montée de Hijiri. Dans ce dédale si tortueux qu'il n'avait pas la moindre idée de l'endroit où il allait atterrir, Uzaki laissait ses pas le guider le long des rues qui consistaient toutes en des alignements de portails de temples quand il déboucha dans un quartier dont le nom même, Kitadera-machi, indiquait qu'il avait été construit à l'intérieur de l'enceinte de l'ancien temple du Nord. Sur un terrain qui avait tout l'air d'un cimetière désaffecté, il trouva une maison neuve à louer et c'est ainsi qu'il évacua enfin Fujimi.

A nouvel environnement, nouvel état d'esprit. En lieu et place des chants accompagnés au shamisen qui rythmaient jusqu'alors jours et nuits sans distinction, c'étaient maintenant les psalmodies de textes bouddhiques, le gong et le son mat du maillet sur le poisson de bois ; les étudiants en uniforme qui revenaient de l'université Keio remplaçaient désormais les geishas dont les allées et venues intempestives au bain public offensaient le regard même s'il était détourné. Du jour où il eut déménagé, Uzaki salua avec soulagement son retour à une vie sereine et exempte de tentations.

Il était, certes, né à Tokyo mais, parfaitement ignorant de ces quartiers lointains et secrets qui s'étendaient au-delà de Shiba et d'Azabu, il était intrigué par l'aspect insolite des alentours ; peintre malgré tout, quand il s'en allait chez maître Uchiyama, il passait en revue les temples avoisinants, tant le Gyoran-ji que le Koun-ji ou le Zuijo-ji et les journées s'écoulaient très rapidement. Pendant ce temps, chez les Uchiyama, la date du mariage de l'héritier approchait à grands pas et il eut bientôt fort à faire. Il lui fallut d'abord aller au Grand Sanctuaire de Hibiya pour réserver la date de la cérémonie ; ensuite, sur ordre de son maître, Uzaki dut s'enquérir auprès des cinq ou six traiteurs susceptibles d'assurer la restauration lors de la réception de ce jour-là. En homme circonspect, Kaiseki procédait comme pour un appel d'offres et puisqu'il s'agissait de trouver la maison qui offrait le service le plus fastueux pour le prix le plus bas, l'enquête devait être rigoureuse.

Avec ses journées passées à courir ainsi à droite et à gauche, Uzaki finit par oublier insensiblement la maison Yukai et ses excès. De toute façon, il fallait que ce souvenir disparaisse de ses pensées pour qu'il puisse se consacrer le cœur tranquille à ses occupations et accomplir sa tâche. Fréquenter les maisons de rendez-vous, acheter des geishas et boire du saké dans les maisons de thé, ça n'était pas fait pour des gens de sa condition. Il lui semblait qu'un simple faux pas aurait pu provoquer immédiatement sa ruine et celle de sa famille et il était vaguement terrorisé à l'idée d'éprouver de plus en plus de plaisir à la découverte du divertissement. En effet, avant de devenir intime avec la prénommée Kohana, quelque licencieuse qu'ait été la conduite des geishas de son voisinage ou quelque tapageur qu'ait été son quartier, dans la mesure où il n'avait là aucun lien direct, il était plutôt dans la situation privilégiée du gardien de bain public assis sur le piédestal qui domine la salle des hommes et celle des femmes : le déshabillage des geishas et même l'observation à la dérobée, les soirs d'été, des salons retirés de la maison de rendez-vous voisine pouvaient, de temps à autre, constituer une récréation inespérée pour le regard mais le fait d'avoir mis le doigt dans l'engrenage lui semblait représenter le comble du danger.

D'ailleurs, à l'approche de son mariage, Kan, le fils débauché, restait lui aussi, de manière admirable, à la maison, à croire qu'il s'était acheté une conduite. L'équinoxe d'automne était passé et c'était maintenant la saison des kimonos doublés. Le Vénérable Kaiseki attendait la célébration du mariage pour se lancer dans la réalisation de peintures destinées à l'exposition d'Ueno et avait donc fait enlever les cloisons coulissantes entre les deux grandes pièces du premier étage et demandé à Uzaki de préparer les soies nécessaires afin d'être prêt à peindre à tout moment. Dans l'alcôve décorative du salon du rez-de-chaussée s'amoncelaient les cadeaux envoyés par les peintres des deux capitales, l'ancienne de l'Ouest et la nouvelle de l'Est, ainsi que les présents de la famille et des connaissances; les trois femmes de la maison, Toshiko, Teruko et leur mère, passaient des journées enfiévrées à organiser la réception et à prévoir les toilettes pour la cérémonie. Uzaki avait installé une table dans le spacieux vestibule pour écrire les quelques dizaines de cartons d'invitation. Quand vint enfin la veille de l'heureux jour, les habituées de la maison se présentèrent les unes après les autres pour prêter un coup de main, à commencer par O-Kei, l'épouse d'Uzaki. Afin d'éviter toute erreur, ce dernier fit une nouvelle fois le tour des différents prestataires, le Grand Sanctuaire de Hibiya, le lieu de la réception et le traiteur Seiyoken qui avait finalement été retenu ; à son retour, il fit venir les tireurs de pousse attitrés pour leur expliquer en détail le déroulement des opérations et termina une fois de plus sa journée à minuit passé.

Le jour J, Uzaki remplit encore une fois son rôle de remplaçant de son maître en assurant la garde de la maison vidée de tous ses occupants depuis le début de l'après-midi jusqu'au soir et en abreuvant de saké les fournisseurs habituels et tous les autres visiteurs venus à la porte de service porter leurs félicitations. Un peu avant l'heure où l'on allume les lampes, les servantes confinées à la cuisine commencèrent à servir les plats livrés sur commande et, au beau milieu du brouhaha qui s'ensuivit, on entendit une voix venue du vestibule : « Holà, il y a quelqu'un ? C'est le facteur ! » L'ayant entendue par hasard, Uzaki alla recevoir une lettre dont il remarqua, involontairement, que le nom du destinataire Uchiyama Kan était écrit d'un pinceau peu orthodoxe. Sans même prendre la peine de regarder le nom de l'expéditeur inscrit au dos de l'enveloppe, il trouva cet envoi suspect et l'escamota prestement dans la manche de son kimono, comme s'il lui était destiné. Soupçonnant que cette lettre venait très certainement de la geisha de Hakusan, il n'eut toutefois guère le temps de réfléchir à l'opportunité de la remettre ce soir-là au fiston car, du côté de la cuisine, charpentiers, menuisiers et jardiniers au nombre de six ou sept s'étaient assis en rond sur le plancher de bois et, l'humeur rendue joyeuse par les libations, avaient commencé d'entonner chansons traditionnelles et mélopées sentimentales. Plus tard, sur le coup de neuf heures, Uzaki réquisitionna les commensaux pour porter les lanternes d'apparat marquées aux armoiries de la famille et, les ayant placés en rang sur l'allée de gravier, leur fit célébrer le retour des nouveaux époux.

Il avait entendu dire que la jeune mariée était âgée de vingt-trois ans mais, lorsqu'il prit la tête de file des domestiques et employés pour la présentation officielle, il fut impressionné par l'apparence de fragilité qui émanait de la silhouette alignée sur celle de l'imposant Kan devant l'alcôve décorative du salon du rez-de-chaussée ; comme elle gardait, bien sûr, les yeux baissés et avait la tête recouverte du bandeau traditionnel de la mariée qui lui cachait le haut du visage, il ne pouvait se prononcer sur la qualité de ses traits mais, à la vue de son extrême petitesse, il lui aurait donné dix-sept ou dix-huit ans. Le lendemain, elle se rendit chez un photographe à Hibiya en compagnie de Kan et de la femme de chambre qu'elle avait amenée la veille avec elle. Quand ils furent de retour, après un déjeuner avalé à la hâte, les jeunes époux partirent pour Hakone en voyage de noces. D'un seul coup, la maison se retrouva toute vide. A l'instar des membres de la famille qui, à commencer par le Vénérable Kaiseki, semblaient tout à la fois rassurés et épuisés, Uzaki ne s'attarda pas après le dîner et rentra chez lui sans plus tarder ; ayant ainsi complètement oublié la fameuse lettre suspecte, il se glissa aussitôt dans sa couche.

— En voilà une belle maison aux abords bien tranquilles !

Telles furent les paroles prononcées d'une voix de stentor qui, le lendemain matin, surprirent un Uzaki à peine réveillé. C'était Aizawa, le patron de l'Unrindo. Quand Uzaki remonta à l'étage après avoir promptement englouti un bol de riz mouillé au thé, il y retrouva ce dernier qui, agité comme toujours, avait ouvert la fenêtre et s'occupait à observer l'enceinte du temple.

— C'est bien la demeure d'un homme qui peint ! Regardez-moi ça, Maître ! Ce fourré de bambous au-delà de la plantation de thé, ce bonze qui fait le ménage, on est vraiment coupé du monde et de ses contingences ! Vous savez que j'ai eu du mal à vous trouver. On bute sur un temple à chaque coin de rue par ici.

Silencieux, Uzaki se curait les dents. En fait, il n'avait pas fait part à Unrindo de son déménagement car il craignait, en le voyant, de se souvenir malgré lui de la maison Yukai à Sanban-cho. En homme mal élevé, Unrindo expectora à grand bruit et sans la moindre gêne projeta un crachat par la fenêtre :

— Ce doit être idéal pour votre travail, cependant, c'est tellement différent de votre ancien voisinage que vous devez vous sentir seul.

— Comment ça ? Qui parle de solitude ?

Uzaki avait élevé la voix de façon involontaire, mais, sans s'en apercevoir le moins du monde, Unrindo afficha un sourire vaguement menaçant :

— Moi-même, de mon côté, j'ai tellement couru à droite et à gauche que je n'ai même pas pu boire une coupe de saké tranquillement de toute la semaine. A ce propos, Maître, vous avez dû être fort occupé à l'occasion du mariage de M. Uchiyama. J'ai vu les photos dans les journaux. A vrai dire, j'ai préféré m'en tenir à une certaine réserve et ne suis pas encore allé présenter mes félicitations.

— Le jeune patron de la résidence s'est tout à fait rangé et c'est très bien comme ça. Tout en restant dans l'ombre, j'ai bien l'intention de faire en sorte qu'il ne fréquente désormais plus aucun mauvais lieu.

Uzaki eut beau tenter de se montrer sévère et tortiller énergiquement sa moustache, l'autre poursuivit d'un ton toujours aussi badin :

— S'il se contente de s'amuser avec les femmes, ce n'est pas grave. Quand on en vient aux cartes fleuries, ça peut devenir délicat. Mais avec les femmes, la règle du jeu est simple. A partir du moment où on décide de consacrer deux cents ou trois cents yens pour s'amuser trois ou six mois, on est tranquille ; on a droit à toutes les attentions dues au protecteur. Quand on n'a pas besoin d'elles, on les laisse travailler. On n'y gagne rien mais, au moins, on n'y perd rien. Par les temps qui courent, celui qui prend du bon temps est gagnant à coup sûr pourvu qu'il s'entoure de toutes les précautions. Pour les peintres, c'est pareil. Après s'être bien amusés, ils produisent des œuvres de valeur. A propos, Maître, j'aimerais vous présenter une requête.

— Que voulez-vous ?

— Il s'agit de la résidence de M. Osuga, désormais parent par alliance de M. Uchiyama. J'aimerais, à l'occasion et par votre entremise, y avoir mes entrées. Il paraît qu'on y trouve de magnifiques choses.

— Il est vrai que vous êtes un antiquaire de renom. Cependant, je n'ai, pour ma part, encore rien vu.

— Qui plus est, Maître, M. Osuga n'est-il pas intendant ou conseiller de la très ancienne famille Ashikaga ? Au cas où il y aurait une mise en vente d'objets de grande valeur, il va sans dire qu'il serait alors tout à fait inconvenant de ne pas être un familier de la résidence de M. Osuga. Je n'en suis, cependant, qu'à mes premiers pas de brocanteur et ne saurais en aucun cas envisager des transactions d'importance à la manière de M. Kosuido. Peu importe même si j'y perds. Il me suffit d'avoir l'honneur de figurer au nombre des fidèles de M. Osuga. C'est tout à fait désintéressé. Je vous en prie, Maître, au détour de la conversation, veuillez lui glisser dans l'oreille qu'il existe, tout près des douves du Palais, un pauvre brocanteur du nom d'Unrindo. Je vous le demande instamment.

Après avoir supplié Uzaki comme si Osuga avait déjà décidé du jour de la mise en vente d'armes et de trésors inestimables, l'air affairé, Unrindo prit hâtivement congé, non sans avoir laissé quelques bons d'achat en guise de félicitations pour le déménagement. L'ayant reconduit jusqu'à la porte à claire-voie, Uzaki retourna à l'étage et se souvint de la lettre de femme équivoque reçue à la dérobée la veille au soir ; il ne la trouva point dans le tiroir de sa table. Soudain troublé, il eut beau la chercher dans son secrétaire et sa boîte de couleurs, elle n'était nulle part. C'est alors qu'O-Kei monta à l'étage :

— Le poissonnier est là. Je lui prends quelque chose ?

— Qu'y a-t-il ?

— Du saumon cru, du bar et de la barbue.

— Du bar, qu'en penses-tu ?

— Entendu.

Uzaki l'arrêta alors qu'elle allait repartir :

— O-Kei ! N'oublie pas de t'enquérir soigneusement du prix d'une tranche !

Ce ne fut qu'après le départ de sa femme qu'Uzaki se souvint enfin d'avoir mis cette lettre dans la manche du kimono armorié qu'il portait la veille. Il frappa aussitôt dans ses mains :

— O-Kei ! O-Kei ! Quand tu as rangé mon kimono armorié, n'as-tu pas trouvé une lettre dans la manche ? Elle était adressée au fiston.

— Je l'ai mise dans le tiroir de la commode. J'ai oublié de vous le dire.

— Bravo. Tu n'aurais pas dû. Je me faisais du souci à l'idée de l'avoir égarée.

— Je suis désolée.

— C'est que la situation du fiston n'est plus la même. Il eut été fâcheux que cette lettre tombât entre les mains de la femme de chambre venue de l'autre famille.

— Elle a l'air bien frêle et fragile.

— Tu parles de la jeune maîtresse ?

— Oui. Il paraît qu'elle est souffrante.

— D'où tiens-tu cela ? Qui peut bien raconter de telles histoires ?

— Le bonze du temple est au courant de tout. L'autre jour, dans la plantation par-derrière la maison, je lui parlais comme ça de la résidence. « Ah bon ! Elle a quand même réussi à se caser ? C'est vraiment une grande chance. » Je lui ai demandé pourquoi il disait cela. Il paraît qu'une jeune fille de sa connaissance a travaillé autrefois chez les Osuga. C'est ainsi qu'il a appris beaucoup de choses.

— Hum, le monde est étrange. Si elle est souffrante, de quoi souffre-t-elle donc ? A la voir, elle ne semble souffrir d'aucun mal. Ce bonze est un oiseau de mauvais augure.

— A vrai dire, il n'a pas donné plus de détails, mais il avait l'air très perplexe.

Ayant entendu du bruit du côté de la porte de service, O-Kei redescendit pour voir ce que c'était. Uzaki en profita pour s'emparer de la lettre suspecte et, après avoir regardé le cachet de la poste, il ouvrit l'enveloppe.

Je me permets de prendre le pinceau car, à en juger par votre disparition de ces derniers temps, il semble que vous n'ayez plus rien à faire avec moi. Il m'est infiniment triste de constater que vous en êtes venu à détester la vile geisha que je suis, mais nul n'y peut rien. Vous avez maintenant une jolie épouse. J'ai vu les photos de votre bonheur dans les journaux. Que puis-je dire, moi qui suis une geisha, sinon ma tristesse. Je n'ai nullement l'intention de faire quoi que ce soit, je vous demande seulement de venir comme autrefois. Veuillez venir dès que vous aurez reçu cette lettre. Si vous ne venez pas, je téléphonerai. Si cela vous embarrasse, je vous supplie de venir, ne serait-ce qu'une seule fois. Le galant de Mlle Kohana n'est, lui non plus, jamais revenu et elle le regrette également. Mlle Kohana a changé de maison depuis le mois d'octobre. Elle est maintenant à Fujimi, près de sa sœur aînée. Moi-même, je ne suis pas satisfaite de ce quartier et j'aimerais m'en aller à Kagurazaka ou à Fujimi. C'est aussi pour cette raison que je voudrais vous voir afin de prendre conseil. Je vous demande donc de venir sans faute.

Kimi

Uzaki n'avait, jusqu'alors, jamais lu de lettre de geisha ; il dut déployer des efforts considérables pour en venir à bout, écrite comme elle l'était uniquement en caractères syllabiques et d'un pinceau mal assuré. A la nouvelle de l'emménagement de Kohana à Fujimi, il se réjouit d'avoir déménagé si vite tout en se demandant ce qui se serait passé s'il ne l'avait pas fait. Et pourquoi le patron de l'Unrindo n'en avait-il soufflé mot ? Peut-être ne le savait-il pas encore ? Mais non, c'était impossible qu'il ne le sût pas. Finalement, furieux de se laisser entraîner dans ces pensées vaines et imbéciles, Uzaki jeta la lettre de Kimiyu sous la table et se leva. Le gong de bois retentit du côté du bâtiment central du temple, annonçant la mi-journée. Uzaki songea soudain que maître Kaiseki avait dû, sans doute, entreprendre ce matin-là la peinture des œuvres destinées au salon officiel des arts et il prit le chemin de Shirogane.

X

Accompagné de sa jeune épouse, Choko, Kan se rendit en pousse à l'auberge Ichinoyu de To-no-sawa. On les conduisit à l'étage, dans une vaste pièce de huit tatamis qui donnait sur un torrent ; avant même qu'ils n'aient eu le temps de décider s'ils se dévêtaient ou non, frappés par la lumière du plafonnier soudain allumé, ils levèrent les yeux simultanément, comme s'ils s'étaient donné le mot. Depuis qu'ils avaient quitté Tokyo en début d'après-midi, après leur mariage célébré la veille, ils n'avaient cessé de baigner dans la clarté presque aveuglante du soleil d'été de la Saint-Martin qui éclairait les fenêtres du train et du tramway ; dès leur arrivée à Hakone, ils ressentirent tous deux d'autant plus fortement la précocité de la tombée de la nuit à la montagne.

— Quelle heure peut-il bien être ?

Sans aucune gêne, Choko s'empara de la montre de Kan posée sur la table, comme si elle était sienne :

— Il n'est pas encore cinq heures.

— Vraiment ?

Kan avait troqué son complet pour le kimono ouaté mis à sa disposition par l'auberge et il s'assit lourdement. La servante se mit à plier les vêtements, tout en monologuant :

— Vous arrivez de Tokyo ? En train express, c'est commode, n'est-ce pas ? Par bonheur, il va faire beau demain également.

Puis elle s'empara du surtout de taffetas armorié et de la ceinture de satin que Choko venait de défaire et les plia avec dextérité :

— Prendrez-vous votre bain tout de suite ?

— Ma foi, oui. Le dîner, ce sera pour plus tard, tranquillement.

Kan avait répondu tout seul, de son propre chef ; sans se préoccuper de Choko, il se leva et sortit de la pièce. En effet, avec son haut chignon d'apparat dans lequel on avait seulement remplacé les grandes épingles de cérémonie par une tresse en argent, Choko avait, pour quiconque la voyait, tout de l'apparence de la jeune épousée. Tout libertin qu'il ait été, Kan s'était senti gêné vis-à-vis de la servante de l'auberge et c'est pourquoi, abandonnant Choko dans la chambre, il s'était précipité dans le couloir pour aller se jeter dans le bain. Dans le calme de l'eau chaude où il se trouva seul, le cours de ses pensées l'entraîna insensiblement sur le sujet du mariage, institution qu'il trouvait, à la vérité, étrange et cocasse. La réalité du libertinage et celle du mariage n'étaient, sur leur point essentiel, aucunement différentes. Pourtant, l'un était tenu secret et considéré comme une faute tandis que l'autre était juste et exprimait même la piété filiale. A y bien réfléchir, c'était vraiment bizarre. S'il voulait, par exemple, obtenir qu'on lui achetât un couvre-chef neuf, à la mode, il lui fallait inévitablement supplier avec persévérance alors que pour son hyménée, sans même qu'il ait eu à demander quoi que ce fût, ses parents lui avaient offert une garde-robe complète allant des vêtements jusqu'aux socques de bois. Pour couronner le tout, ils avaient payé sans compter l'intégralité des frais de ce voyage d'agrément à Hakone. Ha, ha, ha... c'était réellement prodigieux ! Qu'elles fussent geishas ou épouses, les femmes n'étaient-elles pas pareilles ? Au moment où, plongé dans ces considérations confinant à l'absurde, Kan allait rire à gorge déployée, la porte de la salle d'eau coulissa à grand bruit. Convaincu qu'il s'agissait de Choko qu'il avait abandonnée dans la chambre, Kan ne se donna pas la peine de se retourner ; bras et jambes écartés au maximum, il laissait son corps imposant flotter quand il fut surpris par la vigueur du bruit des pas qui avançaient pesamment vers l'aire d'aspersion d'eau. Puis, soudain, une grosse voix rauque :

— Ça alors, Uchiyama ! Vous ici ?

Encore plus surpris, l'interpellé se redressa. Agé de quarante-trois, quarante-quatre ans, les cheveux coupés ras à la manière des bonzes, le visage massif et rubicond orné d'une moustache, l'homme était d'une taille au moins aussi considérable que celle de Kan.

— Sugiyama, que faites-vous ici ? C'est plutôt surprenant de vous voir à Hakone, non ?

— Ha, ha, ha !

L'homme corpulent qui répondait au nom de Sugiyama partit soudain d'un grand éclat de rire puis enchaîna d'un seul coup sur une phrase formulée très poliment :

— Je vous remercie pour votre série d'articles sur les divertissements. Grâce à vous, la conjoncture est plutôt bonne.

— Je vous en prie. Je n'étais pas vraiment satisfait de ma traduction et je me demandais ce que vous en pensiez...

— C'était très bien. Au fait, vous n'êtes pas encore marié ?

— Mais si. Depuis hier soir. Ha, ha, ha !

— Comment ça ? Hier soir... Dans ce cas, vous êtes en voyage de noces ?

— Ha, ha, ha !

Pour cacher son embarras, Kan, qui avait légèrement rougi, repartit dans un nouvel éclat de rire.

— Quelle heureuse nouvelle ! Je vous présente mes respectueuses félicitations.

Ce disant, Sugiyama immergea dans l'eau chaude son robuste corps couvert de poils et se mit à bâiller à s'en décrocher la mâchoire. Ce Sugiyama était le propriétaire de la maison d'édition qui éditait *Le Monde du sport* ; quoique modestement, Kan était rémunéré chaque mois pour ses articles et lui était donc redevable de son argent de poche. Sugiyama avait été autrefois élève de l'Ecole des officiers de l'armée de terre ; tombé malade en cours d'études, réformé pour un catarrhe capillaire des poumons, il était retourné chez lui à Matsumoto où il avait tâté du journalisme régional ; puis il était revenu à Tokyo où il s'était lancé à fond dans le mouvement politique pendant quelque temps ; quand il eut réalisé qu'il n'avait aucune chance d'y réussir, il se souvint soudain des années d'autrefois et se mit à publier une revue d'éducation physique qui connut un succès inattendu, si bien qu'il put, pour la première fois, louer une maison et développa peu à peu ses affaires ; en plus de la revue, il édita des romans militaires ou policiers ou encore des récits d'aventures et des ouvrages de circonstance exaltant le patriotisme qui furent également source de tels profits qu'il eut bientôt sa propre maison d'édition à Hongo-Yumi-cho ainsi qu'une demeure meublée à l'occidentale et se maria ; ayant nommé le propre frère aîné de sa femme, ex-encaisseur de la Compagnie du gaz, commis principal et embauché deux ou trois jeunes garçons pour expédier les colis et prendre les commandes, il avait fini par devenir un éditeur de premier plan dont l'imposante enseigne peinte indiquait : « Société de la nation belligérante – Société d'impression du *Monde du sport* ».

— Pour moi qui me suis marié sur le tard puisque j'avais déjà presque quarante ans, ce ne fut ni particulièrement excitant ni même amusant, mais vous, vous êtes dans la fleur de l'âge… je ne saurais trop vous envier ! Je serais très heureux de vous voir ultérieurement.

Sugiyama semblait légèrement pris de boisson ; en dépit de l'attitude de Kan qui détourna la tête avec une moue d'ennui et restait silencieux, il poursuivit :

— Quel âge a donc la jeune mariée ?

— Vingt-deux ou vingt-trois ans. Mais elle n'est pas digne de vous être présentée, elle n'est pas dégourdie pour un sou.

— Vous avez de la chance ! C'est pas drôle de vieillir ! Quand on est jeune, la vie vous appartient. Tenez, Uchiyama ! Prenez une geisha : quand elle voit une gueule de quarante ans, même si le client lui offre le double, ça ne l'empêche pas de faire une drôle de tête. Ha, ha, ha !

Sugiyama n'eut pas plutôt ponctué son monologue d'un éclat de rire de satisfaction qu'embarrassé par un crachat bloqué au fond de la gorge il expectora bruyamment sans la moindre vergogne.

Au moment précis où, légèrement préoccupé par le sort de Choko qu'il avait laissée dans la chambre et qui ne l'avait toujours pas rejoint à la salle d'eau, Kan jugea qu'il était temps de sortir du bain car il ne savait pas très bien ce qui se passerait s'il l'abandonnait trop longtemps, un bruit de pas précipités se fit entendre dans le couloir, accompagné de voix de femmes :

— Où êtes-vous donc, tonton ?

Dans un roulement sec, la porte coulissante s'ouvrit devant deux jeunes geishas. Elles portaient toutes deux leur kimono à traîne ; donc, si elles n'étaient pas de cette station thermale, elles devaient tout au plus être venues de la ville voisine d'Odawara. Sans éprouver la moindre gêne devant le regard pétrifié de Kan :

— Allez, tonton, faut sortir du bain ! Cessez donc de faire trempette !

— Vous n'avez pas fini de faire du tapage toutes les deux ! Ha, ha, ha !

Sugiyama repartit dans un rire homérique :

— Mon cher Uchiyama, vous me voyez sous un piètre jour ! Mais l'homme n'est pas sans passions. Cependant, je ne batifole jamais à Tokyo. J'ai pour principe de ne m'enivrer ou de ne prendre du bon temps qu'une fois sorti de la capitale…

— Vous n'avez nul besoin de vous justifier. En temps ordinaire, je ne resterais d'ailleurs pas de marbre, mais aujourd'hui, ça n'est pas possible.

Kan avait soudain l'air envieux. Sortant subitement ses bras de l'eau chaude, Sugiyama :

— Holà, vous deux ! Venez nous rejoindre. Si vous n'obéissez pas, je me fais fort de vous mettre à poil !

— Oh là là !

Avec des cris d'orfraie, les deux geishas s'enfuirent dans le couloir en laissant la porte grande ouverte.

— Ha, ha, ha, ha !

Visiblement ravi au plus profond du cœur, Sugiyama fut pris d'un fou rire qui fit tressauter son énorme ventre velu et s'enfonça à nouveau d'un coup de reins dans la piscine comme s'il voulait y couler.

L'air apparemment résolu, Kan sortit de l'eau :

— J'y vais ! A plus tard, Sugiyama !

— Si ça ne vous dérange pas, j'aimerais avoir l'insigne honneur de vous voir…

— Ce serait plutôt vous que ça dérangerait… Je ne voudrais pas jouer les trouble-fête. Ha, ha, ha !

Kan s'en retourna dans son petit salon. Revêtue du kimono ouaté de l'auberge, Choko avait approché le petit meuble au miroir et se maquillait.

— Tu as pris ton bain ?

— Oui, mais je suis allée dans la salle d'eau voisine car vous étiez en compagnie d'un homme que je ne connaissais pas.

— Ah bon. C'est un type qui aime rire à gorge déployée. En fait, c'est un libraire de Tokyo.

— Mon ami, il serait bon que vous envoyiez une carte ou un pli à Tokyo. Je suis sûre que votre famille se fait du souci.

— Ma famille ? Dans ce cas, il vaut mieux que ce soit toi qui écrives.

Sur un coup de sonnette, Kan fit apporter des cartes postales. Puis il ne cessa, mine de rien, de contempler la posture de Choko qui, face à la table basse, s'appliquait comme s'il s'agissait de répondre aux questions d'un examen de fin de semestre. Il avait, jusqu'à ce jour, eu de nombreuses aventures mais n'avait jamais eu d'expérience avec une pure jeune fille de bonne famille ; depuis la veille au soir et pendant toute cette journée, il avait tout naturellement éprouvé un profond intérêt pour le moindre geste de cette Choko devenue sienne par le fait du mariage et, se départissant de sa rudesse coutumière, s'était mis à prêter attention au plus petit détail. En fait, l'attitude de Choko était différente de celle qu'il avait imaginée en secret avant le mariage ; non seulement elle ne paraissait intimidée pratiquement à aucun moment, mais elle affichait même, en certains cas, une quasi-familiarité, ce qui plongeait Kan dans la plus extrême perplexité. Pour commencer, quand elle avait, l'avant-veille, été séparée de ses parents et de sa famille juste après la cérémonie, et quand, restée seule, elle avait été menée dans une maison inconnue, chez des gens qu'elle n'avait jamais rencontrés, elle n'avait pas une fois fait mine d'éclater en sanglots ; et même au moment où on l'avait remise entre les mains d'un homme parfaitement étranger, elle n'avait eu à réprimer le moindre frisson. Elle faisait au contraire preuve d'une profonde détermination. Ou plutôt donnait l'impression d'attendre quelque chose ; ce fut au point que Kan s'était demandé s'il y avait matière à mettre en doute la virginité de cette pure jeune fille. Et quand, réveillé en pleine nuit, il avait regardé autour de lui pour découvrir une Choko dormant à poings fermés alors qu'elle était dans une maison toute nouvelle, dans un lit tout nouveau, il n'avait pu s'empêcher de penser que, vierges ou vénales, les femmes étaient indistinctement des êtres extrêmement insensibles et impudiques et en avait même éprouvé une sorte de dégoût.

Ce matin-là, quand il avait vu Choko après qu'elle eut fait sa toilette, il avait été assailli par un sentiment encore plus étrange. En effet, la couleur de la peau du visage de Choko était si foncée qu'on aurait pu croire qu'il s'agissait d'une femme totalement différente de celle qu'il avait rencontrée lors de la présentation prénuptiale. La Choko qu'il avait alors attentivement observée lui avait semblé avoir un teint infiniment plus clair que la moyenne ordinaire. Il était, bien sûr, évident qu'elle devait avoir, en ce jour vital, appliqué le fard blanc avec le plus grand soin mais quand même, Kan ne pouvait concevoir que l'on dissimulât à ce point son teint naturel. Il avait, certes, été surpris par ce maquillage plus appuyé que celui d'une geisha mais n'en avait, par chance, conçu nulle aversion.

Après s'être lui-même lavé le visage, alors qu'en secret il trouvait légèrement comique le profond sentiment de gêne qu'elle devait certainement éprouver à l'égard de son beau-père, sa belle-mère, ses belles-sœurs et les domestiques en ce lendemain matin d'une nuit particulière, il avait encore une fois été désorienté. Prenant les devants, Choko avait salué tout le monde d'une voix claire et s'était installée aussitôt à la table à manger de la pièce à cérémonie du thé ; dès qu'elle eut saisi ses baguettes pour entamer son petit déjeuner, elle s'était jointe aux bavardages de ses belles-sœurs et avait évoqué ses souvenirs d'école. Quand Toshiko et sa mère l'avaient ensuite emmenée présenter ses respects au Vénérable Kaiseki dans son atelier, ce fut, semble-t-il, délibérément qu'elle avait pris la voix sucrée des enfants pour l'appeler aussitôt : « Père ». Il n'y avait rien d'étrange à cela mais, aux yeux de Kan dont aucun caprice n'avait jamais été contrarié et qui, par conséquent, ne traitait pas ses parents comme tels, l'attitude et la façon de parler de Choko vis-à-vis de ses beaux-parents semblaient outrageusement feintes. Dans le même temps, Kan pensa une nouvelle fois que les femmes étaient comme les chats : sitôt nourries, elles faisaient partie intégrante de la maison qui les avait recueillies. Il ne pouvait s'empêcher de trouver étrange leur aptitude à devenir familières.

Ce n'était pas qu'il se fût préparé pour une observation cynique ou malintentionnée de la mariée. Simplement tout était si inattendu, c'est-à-dire si réjouissant qu'il se mettait à penser à des choses auxquelles il n'aurait jamais pensé autrement et il n'était question pour lui que de s'en étonner tout seul. Par conséquent, quand ils eurent quitté la maison pour se retrouver livrés à eux-mêmes dans le train qui allait à Kozu, Kan changea une nouvelle fois de sentiment et se retrouva dans l'heureuse humeur de celui qui aurait séduit et enlevé une jeune étudiante. Pour un homme insouciant comme lui qui vivait aux crochets de ses parents, il était hors de question d'envisager le mariage comme un des problèmes importants de la vie.

Quand la servante de l'auberge s'en fut allée en laissant les amuse-gueule qu'elle avait gentiment apportés, Kan fit boire du saké à Choko pour la première fois. Celle-ci n'avait, bien entendu, jamais de sa vie tenu de coupe à saké dans la main ; constatant qu'après trois ou quatre coupelles elle ne s'était ni empourprée ni senti mal, elle eut l'air d'en être intriguée :

— Je ne ressens rien de spécial. Serais-je donc une alcoolique ?

— Tu es plutôt admirable, tu tiens bien l'alcool.

Kan était ravi. Il avait complètement oublié sa déception du matin quand la complexion foncée du visage de Choko avait terni sa joie et il était maintenant tout sourire :

— Choko, ça te dirait de fumer ? Entraîne-toi.

Avec les gestes empruntés du débutant qui manque d'habitude, Choko se mit aussitôt à fumer la cigarette offerte.

Au bout des quatre jours passés à Hakone, Kan se retrouva totalement épris de Choko. Les deux époux étaient exactement faits sur le même moule. C'était, semble-t-il, une propre à rien, totalement incapable d'être *bonne épouse et mère dévouée*. Que ce fût le soir au coucher, ou le matin au réveil, elle n'aurait jamais plié un vêtement de sa vie, va sans dire ceux de son mari, mais même les siens, pas plus son kimono que sa ceinture ; dès qu'elle en avait le loisir, elle ne faisait qu'enduire de blanc son visage basané et passait ses journées vautrée sur sa couche à lire des romans.

Pendant leur séjour à l'auberge de Hakone, Choko était, en un clin d'œil, devenue intime non seulement avec Sugiyama, le patron de la Société belligérante, mais aussi avec les geishas mandées par ce dernier, au point de prendre son bain et de boire également en leur compagnie. Elle finit même par se joindre à leurs parties de batailles de cartes fleuries ; bien qu'elle n'y ait jamais joué, après deux ou trois parties d'entraînement, elle avait instantanément progressé à grands pas.

XI

Jusqu'à ce jour, Choko n'avait jamais vu le visage de sa vraie mère. Fruit de l'union de son père, alors conseiller dans un certain département, avec une femme employée dans une maison de thé, elle avait été prise en charge dès sa naissance par l'épouse légitime de ce dernier et avait été élevée comme les autres enfants du couple. Au lieu de s'indigner de l'inconduite de son mari, Mme Osuga s'était souciée avant tout du qu'en-dira-t-on et, ne se contentant pas d'inscrire Choko sur l'état civil de la famille, l'avait traitée comme sa propre fille, tant et si bien que celle-ci avait très longtemps ignoré sa filiation, en tout cas jusqu'après son adolescence. Et bien sûr, lors de son mariage, il était évident que sa belle-famille Uchiyama ne nourrit aucun doute : Choko était la troisième fille d'un premier lit. En effet, la première femme d'Osuga était morte de maladie quand Choko avait eu seize ans et avait été remplacée l'année suivante par l'épouse actuelle. A l'époque, les deux jeunes filles du premier lit, plus âgées que Choko, étaient déjà convenablement mariées tandis que l'un des fils était en Europe et que l'autre était parti pour un an comme engagé volontaire ; Choko était la seule à rester à la maison et, n'ayant donc personne à ménager, son père s'était remarié avec une femme si jeune qu'elle aurait pu être sa fille et même sa petite-fille. Comme la différence d'âge avec Choko était peu importante, les heurts entre les deux jeunes femmes étaient fréquents ; ce fut à ce moment que, par chance, Osuga avait été nommé pour la première fois préfet et il avait emmené avec lui sa jeune épouse sur le lieu de ses fonctions, dans le département de…, laissant Choko seule à Tokyo en quelque sorte pour assurer le gardiennage de la résidence principale. Mais il lui arrivait de revenir à Tokyo pour des assemblées de collectivités locales ou d'autres réunions ; sa femme, qui l'accompagnait toujours, ne supportait absolument pas la présence de Choko et ne cessait d'insister pour qu'on marie cette dernière le plus tôt possible dans n'importe quelle famille. Or Osuga, qui avait dépassé les soixante ans, savait bien qu'il suffirait d'un remaniement ministériel pour que sonne l'âge de la retraite ; il s'était donc lancé, en secret, dans la quête arriviste d'un poste qui lui assurerait un salaire à vie comme celui de député nommé par l'empereur ou de conseiller à la cour impériale ; il lui fallut donc simultanément chercher d'urgence un parti pour caser Choko. Il ne réussit pas à obtenir les postes convoités mais, par l'entremise d'un certain comte extrêmement influent dans les milieux boursiers, qui venait d'être promu fonctionnaire de première classe nommé directement par l'empereur, il put cumuler la fonction de commissaire aux comptes de la banque Untel avec celle de conseiller de la famille Ashikaga, ancienne suzeraine d'un fief à l'époque féodale. En fait, né au sein de la famille d'un médecin qui était au service des Ashikaga depuis une époque antérieure à la Restauration de Meiji, le préfet Osuga savait se ménager les bonnes grâces de ses supérieurs et manier l'éloquence avec un art si consommé qu'on pouvait le considérer comme héréditaire. Dans son enfance, à la manière du moine qui répond quand l'abbé chante, il n'avait jamais mis le nez dans un livre si ce n'est très succinctement dans le *Traité des maladies aiguës*; en dépit de cela, faisant jouer son habileté et sa verve, il avait décidé de gravir les échelons de la réussite sociale en misant pour commencer sur un emploi de secrétaire de mairie d'arrondissement et s'était retrouvé préfet quarante ans plus tard; après avoir scrupuleusement thésaurisé ses appointements, il s'était retiré dans sa résidence principale de Hongo quand les heurts de sa jeune seconde épouse avec Choko passèrent du stade des querelles quotidiennes à celui des empoignades familiales, rendant la situation parfaitement intenable. Même si, contraint et forcé, il avait pourvu à l'éducation de sa fille naturelle, il ne ressentait nullement pour elle l'affection normale d'un père et, sans prendre la moindre peine de choisir son gendre, avait saisi la première occasion pour donner Choko en mariage à la famille Uchiyama. Par la rumeur publique et bien avant d'avoir les résultats de l'enquête prénuptiale confiée à une agence spécialisée, Osuga était tout à fait au courant des écarts de conduite de Kan et savait qu'après avoir été diplômé de l'université, ce dernier continuait de baguenauder sans avoir d'emploi; de leur côté, n'ayant aucune raison de connaître la filiation de Choko, les Uchiyama avaient été extrêmement heureux de ce mariage inespéré qui leur permettait d'avoir pour bru la fille d'un ancien préfet.

Leur voyage de quatre jours étant terminé, les jeunes époux revinrent s'installer à la résidence de Shirogane. Après avoir accompli la tournée de la parentèle dans les deux ou trois jours qui suivirent, en une entente parfaite, ils se mirent à sortir ensemble sans tenir le moindre compte de l'heure, que ce fût en plein jour ou dans la soirée. Choko raffolait de cinéma au point d'être capable d'y aller chaque jour du matin au soir sans jamais s'en lasser ; comme elle ne pouvait plus désormais être taxée de fille aux mœurs dépravées qui sort seule le soir, puisqu'elle était accompagnée d'un mari en bonne et due forme en la personne de Kan, elle n'avait aucune raison de se gêner ; c'est ainsi qu'elle entreprit de parcourir la ville en tous sens, du parc d'Asakusa aux cinémas du centre, et se fit une règle de ne rentrer que juste avant minuit. Kan, quant à lui, ne portait nul intérêt particulier à *ces images animées* mais, plutôt que de rester à la maison à ne rien faire, tout lui semblait plaisant à partir du moment où il était avec une femme, qu'elle fût geisha ou servante. En d'autres termes, peu lui importait le lieu où il se rendait, s'il était en compagnie d'une femme. De plus, il appréciait lui aussi de pouvoir aller où bon lui semblait sans craindre les ragots puisqu'il ne s'agissait pas d'une personne équivoque mais bel et bien de son épouse officielle. Pour couronner le tout, Choko semblait avoir apporté avec elle au moment de son mariage une somme d'argent dont le montant lui était inconnu, mais grâce à laquelle elle payait sans sourciller non seulement les billets d'entrée au cinéma mais aussi les additions des bars et brasseries où il manifestait le désir de s'arrêter sur le chemin du retour ; c'est ainsi que, loin de traiter Choko de haut, Kan la choyait de grand cœur.

Dans ces conditions, les parents ne pouvaient que se réjouir de la bonne entente qui régnait entre les jeunes époux mais, devant les débordements de leurs sorties tant diurnes que nocturnes, ils commencèrent peu à peu à froncer les sourcils au moins autant à cause de la bienséance que du trouble jeté dans la vie de la maisonnée. Voyant sa mère dans l'embarras, Toshiko, la fille aînée revenue vivre à la maison, qui entretenait depuis toujours des relations détestables avec Kan, ne put se retenir ; dès qu'elle ouvrait la bouche, elle se répandait en médisances, fondées ou non, sur le jeune couple :

— Ce n'est certes pas depuis hier que Kan est un bon à rien, mais la Noiraude, elle n'a rien à lui envier. (Toshiko avait un beau jour surnommé Choko la Noiraude à cause de son teint foncé.) Toute femme qu'elle soit, elle fume la cigarette. J'avais rempli de Shikishima la boîte en argent dans le salon des invités et, en moins de temps qu'il ne faut pour le dire, il n'en est plus resté une seule ; j'ai trouvé cela très bizarre… Eh bien, c'étaient Kan et la Noiraude qui les avaient toutes fumées en cachette. Si vous ne le rapportez pas à père et s'il n'y met bon ordre, ils vont très vite devenir impossibles. Tant qu'il ne s'agit que de cigarettes, ça n'est pas bien grave mais si on les laisse faire, comme ils sont partis, on ne sait ce qu'ils vont inventer. C'est bien cela qui m'inquiète.

Elle ajouta qu'avec leur boulimie de sorties en pousse commandés à tout bout de champ chez le voiturier habituel, les factures de fin de mois risquaient fort d'atteindre des montants inusités. Depuis son retour à la maison, Toshiko s'occupait de tout y régenter, en lieu et place de sa mère, congénitalement incapable de le faire ; elle insista donc pour que cette dernière exposât les faits sans faute et sans réserve au maître de maison Kaiseki, afin que celui-ci réprimandât vertement le jeune couple. La situation était telle que la mère se faisait un sang d'encre, craignant que les choses ne s'enveniment.

De la même manière, Choko de son côté s'était, dès le début, sentie très mal à l'aise avec sa belle-sœur, sans aucune raison particulière ; c'en était au point qu'aussitôt franchi le seuil de la maison en compagnie de Kan, elle commençait invariablement la conversation en disant tout le mal qu'elle pensait de Toshiko.

— Sœur aînée est une vraie sainte nitouche. J'étais tantôt dans le jardin, pas loin du jardinier qui réparait la palissade ; elle a déclaré comme ça qu'il allait sans doute pleuvoir des cordes, tout en me dévisageant obstinément d'un regard oblique tout à fait désagréable. J'ai failli lui répondre que je n'étais pas en papier mâché et que, si cela me chantait, je sortirais de toute façon, qu'il pleuve ou non.

Pour s'amuser, Kan abonda dans son sens :

— Elle a été répudiée. C'est normal qu'elle soit aigrie. Elle est jalouse de nous voir sortir ensemble. Provoque-la carrément. Tu verras, ça fait du bien.

Kan nourrissait envers Toshiko, qui gérait l'argent de la famille à la place de leur mère, une rancœur accumulée au fil de ces nombreuses années où, de l'université jusqu'à maintenant, ses demandes intempestives d'argent de poche avaient été, maintes et maintes fois, refusées sèchement. Il tâtait le terrain pour mettre de l'huile sur le feu.

— Plutôt que de laisser Toshiko gérer les comptes familiaux, je ne vois pas ce qui empêche que tu t'en occupes toi-même. Quoi qu'il en soit, c'est une erreur de la laisser agir seule, à sa guise.

— Pourquoi mère ne le fait-elle pas elle-même ?

— Parce qu'elle est idiote. C'est une cruche qui ne connaît rien à rien.

— Ainsi donc, ce n'est pas une preuve de confiance si elle s'en remet à Toshiko pour tout ?

— Absolument pas. Comme Toshiko fourre son nez partout, c'est arrivé tout naturellement. C'est pour ça, Choko. Tu devrais penser à t'emparer peu à peu des pleins pouvoirs afin de prendre sa place. Pour le moment, ça va comme ça, mais si on ne prévoit pas l'avenir, on risque d'avoir des problèmes.

— C'est vrai. Cependant, j'aurais beau m'y attaquer dès aujourd'hui, Toshiko ne se laissera sûrement pas faire. Mère elle-même ne sera pas d'accord.

— Voilà pourquoi je dis qu'il faut guetter l'occasion. Pour peu que mon paternel fasse de vieux os, tu nous vois, toi et moi, dépendant jusqu'au bout de Toshiko pour notre argent de poche… Ce serait franchement odieux et ridicule.

— Bien sûr mais quand même…, ce doit être fastidieux de s'occuper chaque jour des notes du marchand de légumes ou du poissonnier. Je suis sûre que ça finirait par m'ennuyer.

Après toutes ces années passées en chicanes avec sa belle-mère, Choko dépassait largement quiconque en matière de roublardise mais elle n'avait, en tout cas, pas atteint l'âge où l'on devient avare. Par contre, avec ses trente-trois ou trente-quatre ans, Toshiko savait très bien qu'en l'absence de projet de remariage son avenir serait de vivre aux crochets de Kan, l'héritier de la fortune familiale. Passe encore s'il ne s'agissait que de Kan, dans les veines duquel coulait malgré tout le même sang que dans les siennes, mais il lui était absolument insupportable de devoir dépendre de cette Choko, la rustine au teint foncé. Préoccupée en secret de ce futur lointain, elle s'était donc mis en tête d'en parler avec ses parents tant qu'ils étaient en bonne santé afin d'obtenir qu'ils lui réservent une somme suffisante pour lui permettre de subvenir seule à ses besoins jusqu'à la fin de sa vie. C'était dans cette perspective qu'elle avait entrepris de se restreindre naturellement, renonçant à se rendre là où elle avait envie d'aller, se passant des vêtements qu'elle aurait voulu mettre et se privant même de friandises entre les repas afin d'économiser le moindre sou sur son argent de poche. Pendant ce temps, Choko, qui n'était après tout qu'une femme comme elle, sortait chaque jour et chaque nuit au gré de son bon plaisir, en profitant de ce fainéant de Kan. C'était pour Toshiko détestable et mortifiant au-delà de toute expression ; comme elle était même allée jusqu'à soupçonner Kan de vouloir un jour inviter leur sœur cadette Teruko à se joindre à eux, elle avait pris les devants en recommandant discrètement à cette dernière de refuser toute invitation de Choko ou de Kan car elle ne manquerait pas d'acquérir de mauvaises manières si elle sortait en leur compagnie. Cependant la bru et sa belle-sœur n'en étaient pas encore venues à s'affronter directement jusqu'à un certain soir où les cinq convives habituels s'étaient une fois de plus retrouvés autour de la grande table laquée pour le dîner ; il y avait là Mikiko, la mère, Toshiko et Teruko, les deux filles de la maison et les jeunes mariés. Choko découvrit un cheveu de femme dans les plats disposés devant sa place. Avec un « C'est dégoûtant ! », elle s'était attachée à le dérouler de bout en bout à l'aide de ses baguettes. Tirant aussitôt profit du fait qu'aucun des mets de ce jour-là ne le tentait, Kan se précipita à sa rescousse :

— Il y a aussi quelque chose dans mon assiette. Faudrait faire attention ! C'est à vous couper l'appétit !

— C'est bien vrai !

Choko n'avait fait que placer un mot d'approbation. Mais la malchance voulut que, ce soir-là, le repas ait été préparé par Toshiko qui avait suivi les recettes d'un journal. La moutarde monta instantanément au nez de cette dernière qui, rouge de dépit :

— Je suis désolée. Je ne mettrai désormais plus les pieds à la cuisine. Choko, je pense qu'il est préférable que vous vous en occupiez vous-même. Vous ne pouvez savoir combien cela me soulagera.

Toshiko avait parlé d'un ton décidé mais Choko n'était pas du genre à se laisser impressionner. L'esprit tordu par les prises de bec avec sa belle-mère depuis l'âge de seize ans, elle se tourna du côté de Toshiko :

— Comment ça, sœur aînée ? Il ne me souvient pas de vous avoir mise en cause. Quant à aller à la cuisine, rien à faire ! Je ne suis pas une marmitonne.

— D'ailleurs, celles qui ne le sont pas devraient s'abstenir d'y sévir. Elles ne font qu'embêter tout le monde. En confectionnant des plats immangeables.

Désireux de faire dégénérer la dispute, Kan avait volontairement prononcé des paroles blessantes. Mortifiée, les larmes aux yeux, Toshiko protesta d'une voix tremblante :

— Kan, je ne t'ai pas parlé.

— Ah bon, désolé ! En tout cas, le repas de ce soir est particulièrement exécrable.

— Grand frère, tu es trop exigeant. Toshiko et moi l'avons préparé du mieux que nous avons pu.

N'en pouvant plus, Teruko, la cadette, avait tenté de s'interposer.

— Vraiment ? Dans ce cas, on s'en contentera. Mangeons ! Mais quand même, les cheveux, c'est redoutable !

— Kan, veux-tu bien cesser !

La mère avait parlé d'un ton suppliant. Ils avalèrent tous leur repas en silence. Dès que ce fut fini, Choko et Kan se changèrent aussitôt en prenant bien soin de le faire devant Toshiko et sortirent se promener.

Ce soir-là, après avoir visité l'exposition de chrysanthèmes plantés depuis la veille dans le parc de Hibiya, ils entrèrent dans un cinéma proche du pont Aoi. Le film projeté était un film occidental dont l'intrigue racontait l'histoire de l'enfant naturelle d'une ancienne actrice qui, après avoir été recueillie et élevée par un homme charitable, rencontrait fortuitement dans une station thermale sa vraie mère tombée dans la misère. Passablement énervée à la suite de sa querelle avec Toshiko, Choko fut, semble-t-il, terriblement émue par ce film et, tandis qu'une fois dehors, ils marchaient dans la rue, elle s'accrocha soudain au bras de Kan :

— Quelle malheureuse, cette Marie ! Elle est vraiment à plaindre !

— Comment ça ? Tu parles du film ?

Kan avait mis un certain temps avant de comprendre qu'il s'agissait de l'histoire qu'ils venaient de voir.

— J'ai été bouleversée comme si j'y étais.

Choko continuait de marcher en gardant la tête baissée :

— Quel destin pitoyable !

Ne sachant pas le moins du monde de quoi il retournait, Kan porta un regard intrigué sur Choko :

— Prenons un tram, il n'est pas tard. On pourrait aller du côté de Ginza.

Ils étaient entre-temps parvenus près du parc attenant au sanctuaire de Kotohira. Dans le ciel, la lune scintillait avec éclat ; l'avenue était lugubre, désertée par les piétons, parcourue seulement par quelques automobiles qui se croisaient en grande hâte. Soudain, Choko partit seule, à toute vitesse, en direction du parc :

— Personne au monde n'est plus malheureux que moi !

Frappé de stupeur, Kan :

— Hé, Choko ! Où vas-tu ?

— Vous ne voyez pas comme je suis malheureuse !

Kan comprenait de moins en moins. Pour détendre l'atmosphère, il lança une blague en s'asseyant sur un banc :

— Et moi donc, n'ai-je pas l'air malheureux ?

Sans répondre, Choko le dévisagea fixement à la clarté de la lune et vint, elle aussi, s'asseoir sur le banc. Mais, surprise, semble-t-il, par le murmure des voix d'un jeune homme aux allures de potache et d'une femme coiffée du chignon des étudiantes qui, profitant d'un recoin sombre à l'ombre des arbres, s'étaient blottis de l'autre côté, elle repartit en grande hâte vers le sanctuaire de Kotohira.

— Reviens, Choko ! Nous avons rendez-vous ! On est amoureux les soirs où la lune est si belle !

Il eut beau l'attraper par la manche de son kimono, elle ne fit pas un geste pour le regarder.

— Dire que moi aussi, j'en ai fait de ces bêtises !

A l'évocation de ses souvenirs de l'époque où, habitant encore Naka-Rokuban-cho, il avait folâtré avec la fille du restaurant occidental, entre autres, dans le parc de Kudan ou sur les berges de Sanbancho, se sentit-il pris du désir soudain de badiner comme autrefois ? Toujours est-il qu'au moment où il allait passer son bras autour des épaules de Choko, il constata qu'elle semblait être en larmes, le visage enfoui dans sa manche. Kan eut plutôt l'air de celui qui n'aime pas les rabat-joie ; gonflant les ailes de son nez pour en agrandir encore les narines :

— Mais qu'as-tu donc ? Tu es vraiment bizarre, ce soir !

Choko releva la tête et le dévisagea longuement à la lueur de la lune mêlée à la lumière des réverbères :

— Mon ami, vous êtes vraiment dénué de toute sensibilité. Vous ne savez même pas ce que c'est que le malheur.

Kan n'aurait jamais pu imaginer Choko lui dire des paroles aussi crues. A ses yeux, même si elle n'arrivait pas au niveau d'une geisha, Choko était simplement une femme lubrique et impudique qui, par contre, était de manière inattendue l'innocence même ; dans l'état actuel des choses, il en était venu à l'aimer au point de ne plus s'arrêter à la matité de son teint ou aux frisottis de ses cheveux. Plutôt que l'aimer, il serait plus exact de dire qu'il la considérait comme une bonne partenaire de jeu. Sans avoir à utiliser de stratagèmes pour aller acheter une geisha, il se considérait, l'un dans l'autre, comme satisfait :

— Ha, ha, ha ! Tu oses me dire que j'ignore ce qu'est le malheur. Et toi, donc ? Sais-tu même comment ça s'écrit ?

Avec l'air de franchement se payer sa tête, Kan dilata encore plus ses narines et, rétrécissant d'un cran ses petits yeux d'éléphant, partit d'un rire tonitruant. Alors, Choko s'empara brusquement de la main de Kan comme pour l'arracher et la plaqua sur ses genoux ; agitée d'un tremblement qui affectait même sa voix :

— Vous n'avez rien compris. Personne au monde ne peut être plus malheureux que moi. Croyez-moi !

Renforçant la pression de ses doigts, elle durcit son regard pour le fixer sévèrement :

— Mon ami, je vous en prie. Ecoutez mon secret d'une oreille compatissante. Je ne peux vous le cacher plus longtemps.

Avant même d'avoir terminé, elle éclata en sanglots. Ahuri, Kan ne put prononcer une parole ; les yeux vagues, il la regardait, mais au moment où il avait entendu les mots « mon secret », se souvenant soudain des doutes qui l'avaient assailli le soir de leur mariage et des soupçons qu'il avait nourris devant l'assurance un peu trop grande de cette pure jeune fille, il avait, en libertin qu'il était, conclu hâtivement mais avec certitude que le fameux « secret » ne pouvait rien être d'autre qu'une aventure antérieure au mariage.

— Ton secret… je n'ai pas besoin de l'entendre pour le connaître… Ecoute, ça ne fait rien. Rentrons.

— Vous n'avez vraiment aucune compassion. Tant pis. Puisqu'il en est ainsi…

— Idiote ! C'est bien au nom de cette compassion que je te dis d'arrêter. Viens, rentrons.

L'air vraiment excédé, Kan se mit soudain debout et partit à grands pas vers la sortie du parc donnant du côté du sanctuaire de Kotohira, persuadé qu'elle le suivait ; quand il se retourna sans intention particulière, il ne put que constater la disparition de Choko qui avait, peut-être, voulu témoigner ainsi de sa mauvaise humeur.

— Holà ! Dépêche-toi ! Sinon, je te laisse là !

Tout en tempêtant comme un enfant gâté, Kan s'arrêta aussitôt mais, sur la petite allée courbe dont la vue était d'ailleurs bouchée par les bosquets, nul signe de vie.

— Tu es vraiment impossible ! Si tu continues à te moquer de moi, je vais me fâcher pour de bon.

Sans cesser de maugréer, Kan se mit à uriner longuement et à bâiller à s'en décrocher la mâchoire.

Puis il revint sur ses pas jusqu'au banc pour n'y trouver qu'un mouchoir tombé à terre ; mais où était donc passée sa propriétaire ? Il lui vint pour la première fois à l'idée que ce n'était pas une plaisanterie et il se mit immédiatement à explorer fébrilement et en tous sens les buissons du parc ; quand il parvint à la rue des tramways, il constata que, grâce à la clarté de la lune, on pouvait embrasser d'un seul regard l'avenue de Tameike, mieux éclairée qu'à l'accoutumée. Il finit par distinguer une silhouette ressemblante et, tout corpulent qu'il fût, bondit sur ses traces à en perdre haleine. L'avait-elle deviné ? La silhouette obliqua brusquement dans une venelle ombrée d'arbres touffus et entreprit de traverser un petit pont. Elle marchait si vite qu'on pouvait douter qu'elle fût femme. Kan la rattrapa enfin et l'interpella dans le dos :

— Choko, écoute ! La plaisanterie a assez duré. Où vas-tu ?

Sans répondre ni même se retourner, Choko fit mine de continuer son chemin dans la direction qu'elle avait choisie. Kan lui saisit la main violemment et hurla :

— Espèce de dévergondée ! Tu as donc l'intention de me tromper ouvertement ?

En fonction de la réponse, il s'était préparé à la traîner et à la piétiner sur place et serrait déjà les poings en la dévisageant d'un air impitoyable mais, non contente de ne montrer la moindre crainte, Choko lui rendit son regard sans sourciller avec un étrange sourire sardonique aux lèvres. Les cheveux défaits, dans la lueur blafarde de la lune, son teint basané était maintenant couleur terre. Elle avait l'air d'une folle ; soudain pris de peur, Kan recula de deux ou trois pas :

— Hé, Choko ! Que se passe-t-il ? Rentrons. Si les gens nous voyaient, ce serait gênant. Allez, viens !

Deux ou trois personnes venaient vers eux. Au moment où Kan s'approchait craintivement pour lui prendre la main et l'obliger à le suivre, Choko éclata en sanglots ; elle n'avait plus ni la force de se battre, ni même celle de marcher et semblait exténuée au point d'être près de défaillir, si bien que Kan fut contraint de la serrer dans ses bras pour la soutenir ; c'est ainsi qu'ils parvinrent tant bien que mal à l'arrêt du tram.

XII

Le salon officiel patronné par le ministère de l'Education devait être inauguré dans deux ou trois jours. Depuis plus de deux semaines déjà, les quotidiens de la capitale rivalisaient pour offrir à leurs lecteurs toutes les informations possibles sur les œuvres sélectionnées et leurs auteurs. Celle du membre du jury, Uchiyama Kaiseki, aurait été exécutée à la demande d'une grosse fortune, un certain M. X. Il s'agissait d'une paire de paravents pliables à placage de feuilles d'or qui, sur des thèmes pourtant largement rebattus, pins sur le rivage et carpes dans l'étang, montraient de généreux débordements de lavis d'encre de Chine enlevés comme dans un souffle avec une grande vivacité. Les peintres de l'école adverse, qui haïssaient chez Kaiseki l'arrogance coutumière de son attitude – ce dernier répétait partout qu'on allait en tirer une photogravure destinée à paraître dans la presse –, furent prompts à décocher leurs flèches ; selon eux, rien ne pouvait manquer davantage de sérieux que cette ostentation envahissante à vouloir faire montre d'une touche de pinceau prétendument franche et de premier jet. Profitant de l'époque qui, de toute manière, ne se préoccupait guère du bon ou du mauvais, les négociants en peintures manifestèrent par contre un actif soutien moral, désireux comme toujours de vendre avec un profit substantiel les œuvres qu'ils entassaient dans leurs stocks. Quoi qu'il en fût, la rumeur de l'exposition alimenta, comme chaque année, toutes les conversations de la ville, au même titre que l'exposition des poupées de chrysanthèmes du Palais des sports nationaux.

Cela faisait certes bien des années qu'Uzaki Kyoseki avait renoncé à présenter une œuvre au salon officiel ; néanmoins, lorsqu'en revenait la saison, était-ce qu'il était particulièrement sensible à l'air du temps, il se retrouvait dans un état d'esprit différent de l'ordinaire, plutôt pareil à celui qu'on éprouve le matin après s'être débarbouillé le visage. Un état d'esprit qui faisait qu'il avait bien envie d'essayer, encore une fois, de peindre quelque chose. En fait, c'était chaque année à cette époque qu'invariablement des antiquaires comme Kosuido ou Unrindo lui passaient à nouveau commande pour des travaux urgents. C'était aussi à cette époque que, curieusement, plus nombreuses étaient les demandes des amateurs requérant son expertise pour des peintures du Vénérable Kaiseki montées en rouleaux.

Ce matin-là, Uzaki n'eut pas plutôt terminé son petit déjeuner qu'il se retrouva à l'étage ; tandis qu'il était là, à extraire pêle-mêle des copies d'études, d'anciens dessins et croquis, exécutés à une époque indéterminée, dont il bourrait sans discrimination aucune placards et étagères de la véranda, comme un chiffonnier le fait de ses vieux papiers, il tomba soudain sur le croquis de son *Musashino* qui lui avait valu, une seule fois d'ailleurs – et très vraisemblablement cette fois-là resterait unique durant toute sa vie –, il y avait maintenant bien des années déjà, d'être retenu pour le salon officiel du ministère de l'Education. Bras croisés, il se mit à l'examiner avec une expression de bouleversement intense sur le visage. Ce fut à ce moment que, du pied de l'escalier, la voix d'O-Kei, son épouse :

— Mon ami ! Le fiston de la résidence est là !

— Cette fois, c'est vraiment une grande maison ! Alors, on travaille ?

Sans attendre qu'on l'accompagnât, Kan avait grimpé les escaliers quatre à quatre. Dès le départ d'O-Kei redescendue après lui avoir apporté du thé, abruptement :

— Uzaki, tu sais, j'ai un gros ennui. Je suis venu te demander conseil.

L'expression d'Uzaki, sur laquelle se lisait un : « Allons bon, encore ! », n'échappa nullement à Kan qui se composa aussitôt un air solennel pour déclarer :

— Après t'avoir exposé les faits, je me demande si je ne vais pas me séparer de mon épouse.

Tout en soupçonnant secrètement Kan de vouloir lui raconter quelque mensonge pour en arriver à ses fins habituelles, Uzaki savait qu'il ne pouvait demeurer muet :

— Mais enfin, qu'y a-t-il ?

Kan commença donc par raconter ce qui s'était passé la veille au soir. Après être rentrée et s'être mise au lit, Choko avait secoué son époux, Kan, pour le réveiller et lui avouer sa filiation, celle d'une enfant naturelle ; elle avait aussi dit que personne au monde n'était plus malheureux qu'elle. Qu'elle avait, sans doute, une famille, mais c'était comme si elle n'existait pas et que, sur terre comme au ciel, elle n'avait vraiment que son mari pour seul soutien, si bien qu'elle avait passé le reste de la nuit à le cajoler au milieu des larmes et même, de temps à autre, en des transports de folie, à l'enlacer de toutes ses forces.

— Voilà, mon vieux, je suis vraiment très ennuyé. Je ne sais pas, mais tout cela me semble bien inquiétant. Pour moi, ça ne fait aucun doute qu'elle n'a pas tout son bon sens.

— Jusqu'à présent, elle paraissait pourtant vous plaire énormément.

Uzaki avait croisé les bras pour montrer combien il était, en effet, consterné :

— Les femmes, c'est pas très solide ; il leur arrive, sans qu'elles sachent trop pourquoi ou comment, de dire des choses bizarres.

— Quand bien même ne serait-elle pas folle, c'est malgré tout de la dernière inconvenance, non ? N'est-ce pas se moquer du monde que de marier en grande pompe une fille qu'on a fait à une femme dont on ignore les antécédents ? Que faut-il en penser ? Note que je n'en ai encore soufflé mot ni à mon père ni à quiconque. Je voulais t'en parler avant de prendre ma décision.

— Si les choses sont vraiment ainsi, l'affaire est loin d'être simple. En vérité, une histoire pareille, ça mérite mûre réflexion.

Ce disant, Uzaki se souvint subitement de certains propos du bonze du temple voisin qui avait un jour parlé de Choko à son épouse mais, pensant qu'il était inopportun d'y faire allusion en la circonstance, il préféra garder cela pour lui.

— Ce père Osuga est un type scandaleux. J'ai bien envie de le faire éreinter par la presse.

— Fiston, il vaudrait mieux attendre deux ou trois jours. Moi-même, comme ça, à première vue, je ne sais pas très bien ce qu'il convient de faire. Quoi qu'il en soit, l'important, c'est que vous sauviez la face, non ? Il ne faut surtout pas aggraver ce genre de situation.

— Bon, je reviendrai dans deux ou trois jours. D'ici là, fais-moi le plaisir de bien réfléchir à la question.

Sur ces mots, Kan sortit de chez Uzaki. Comme il était étrangement irrité, il s'en alla marcher sans but précis le long de la rue des tramways jusqu'aux abords du pont Furukawa. C'est alors qu'il remarqua soudain, parmi les cinq ou six personnes attendant leur correspondance de tram, une geisha vêtue d'un kimono armorié en crêpe de soie violet passablement décoloré par le soleil ; l'ombrelle couleur d'ibis empêchait d'en voir le visage mais le gros chignon d'apparat était en déroute sur une nuque dont le fard blanc avait tourné au gris et le vent faisait virevolter les pans de son kimono sur ses pieds nus chaussés de sandales à coussin d'air. Plein de curiosité, Kan s'arrêta pour la contempler ; il constata soudain que, depuis son mariage, c'était la première fois qu'il était sorti sans emmener Choko, ce qui lui donna, sans raison, l'envie de saisir l'occasion pour aller s'amuser vite fait. S'il traversait le pont Furukawa, il se retrouverait à San-no-hashi ; comme il savait de longue date que là-bas, en face, s'étaient développées les maisons de geishas d'Azabu, il prit pour repère la lanterne d'un petit restaurant de rendez-vous pour tourner avec entrain dans une venelle étroite.

Mais comme il n'était encore que dix heures du matin en cette belle arrière-saison, dans les ruelles identiques les unes aux autres qui se croisaient à angle droit régnait un silence de mort ; nul son de shamisen, aucune silhouette de femme, si ce n'étaient les servantes occupées à la lessive devant les entrées de service ; les seuls passants étaient quelques chiens errants en tournée de poubelles, des gamins en quête de courses à faire et des commis venus récupérer bols et plats de la veille. Aucune différence avec un quartier ordinaire. Tandis qu'il passait et repassait dans la même rue en essayant de lorgner au travers des petits bois des portes à claire-voie de ce qui lui paraissait être des maisons de geishas, Kan tomba nez à nez avec le garçon livreur d'un restaurant occidental qu'il avait croisé peu de temps auparavant à l'autre coin de la rue ; décontenancé par le regard étrange que lui décocha ce dernier, il bifurqua au petit bonheur pour s'engouffrer en coup de vent dans le petit portail d'un établissement fleuri de pots de fatsies du Japon.

La maison était une construction bon marché à un étage comme on pouvait en voir partout ces derniers temps dans les quartiers de ce genre. Pièce de réception de taille moyenne où l'on remarquait particulièrement, à cause du soleil de cette matinée de début d'hiver qui en baignait toute la surface, le noircissement dû à la suie du papier des fenêtres à encastrement de verre dépoli. Il semblait que le ménage n'ait pas encore été fait dans la pièce restée close ; en effet, quand les cloisons qui coulissaient très mal dans leurs rainures furent ouvertes, on se sentait agressé par l'odeur de renfermé d'une chaleur lourde et les remugles de poussière et de saké qui imprégnaient les tatamis. Deux grosses mouches bleues, de celles qui agacent les chevaux, se cognaient comme de petits cailloux contre le papier tendu des cloisons translucides. En vêtement de nuit doublé, fort encrassé, passé à même la peau nue et maintenu par une ceinture informe, sans même avoir pris la peine de libérer ses manches de la cordelette qui les retenait en arrière pour le travail, une servante de vingt-quatre, vingt-cinq ans apporta le thé et, à peine assise, s'enquit :

— C'est quelle geisha, votre régulière ?

— Je n'ai pas de régulière.

— Alors, c'est la première fois que vous venez ?

Au lieu de verser le thé, elle s'arrêta, la main en l'air, et jeta un regard rapide pour le passer en revue. Kan portait un kimono doublé remis à neuf, en coton bleu de Kurume à motifs clairsemés, assorti d'un surtout de même ton dont il avait laissé pendre les cordonnets de laine et serré par une ceinture roulée en mousseline de soie. Il n'avait même pas de socquettes. Il avait, certes, en son temps, été champion de base-ball et de judo mais, tout débauché qu'il ait été, jamais encore jusqu'à ce jour il n'avait éprouvé l'envie de se pavaner dans un kimono de soie. Il n'entendait rien de rien à la douceur de la soie, pas plus à ses motifs rayés qu'à ses nuances de tons ; de tels vêtements lui procuraient, sans raison particulière, un sentiment déplaisant de négligé, si bien que, les jours où il voulait se montrer sous des dehors d'homme bien, il portait le costume occidental avec veston et pantalon, fumait le cigare à grandes bouffées tout en faisant des moulinets avec sa canne.

— Vous êtes à l'université Keio ?

La servante qui le dévisageait formula cette question comme si elle s'était subitement rappelé quelque chose.

— C'est une enquête ? Qu'est-ce que l'école vient faire ici ? Dépêche-toi plutôt de m'appeler une geisha.

— Vous êtes si pressé que ça ?

— Si tu fais ce que je te dis, je n'aurai plus besoin de geisha.

Kan avait allongé le bras pour étreindre la servante.

— Eh bien, vous ! Ho, ho, ho ! fit-elle en glissant prestement hors d'atteinte. Vous savez, c'est que... je suis vraiment désolée, mais... c'est que le règlement du quartier...

Tout en sachant pertinemment qu'elle allait lui demander de régler d'avance, Kan prit un malin plaisir à dire :

— Quoi, le règlement ? Y aurait-il des règlements pour s'amuser, maintenant ?

— Quand ce n'est pas un habitué, l'addition... un acompte au moins... Que voulez-vous, c'est le règlement.

— Le règlement, le règlement, ça va avec ton règlement ! Combien me faut-il allonger pour finir ?

— Ce que vous voudrez... Je suis vraiment désolée.

— Ce que je veux ? Comment veux-tu que je sache, moi ? C'est combien à la fin, une geisha ? Elle n'a pas besoin de me jouer du shamisen ou quoi que ce soit. Pas besoin de saké non plus. Juste une petite demi-heure. C'est que je suis pressé. Avec trois yens, ça doit aller, non ?

— Holà, vous n'y pensez pas !

— Comment, je n'y pense pas ! Et le pourboire d'un yen que j'augmente de cinquante centimes, ça devrait te suffire, non ?

— Même une fille ordinaire ici, c'est deux yens, ne vous en déplaise !

La servante avait laissé percer une pointe d'indignation dans le ton.

— Dis donc, toi ! Ne crois pas que tu vas te payer ma tête parce que c'est la première fois que je viens ici ! Si c'est deux yens, d'accord pour deux yens ! Un yen pour la chambre et un yen pour la geisha !

Kan sortit de sa manche son porte-monnaie où il préleva deux billets d'un yen et trois pièces d'argent de cinquante centimes qu'il posa sur la petite table à thé.

— Va vite m'en chercher une. Et pas un paquet d'os, surtout !

L'œil exercé de la servante semblait avoir perçu que le porte-monnaie contenait encore au moins deux ou trois billets d'un yen :

— Vous savez très bien comment ça marche et vous êtes vraiment désobligeant.

S'emparant de l'argent posé sur la table d'une main crochue comme une serre d'aigle, elle se leva et sortit.

— Ha, ha, ha ! Kan partit d'un tel éclat de rire qu'il en tomba à la renverse et profita de la position pour étendre ses deux jambes gigantesques sur la petite table à thé, tout en portant à la bouche un à un les pois servis en amuse-gueule qu'il saisit à pleine poignée. Quelques instants plus tard, sur des bruits de cloisons mobiles couinant dans leurs rainures, une geisha apparut dans un délai étonnamment court. S'étant redressé d'une secousse, Kan avala une grande gorgée de thé refroidi et vit qu'elle devait bien avoir vingt-quatre ou vingt-cinq ans. Son visage aplati de fille de la campagne, qui avait tout de même bénéficié de quelques aménagements, affichait de gros boutons auréolés d'inflammations aux commissures graisseuses des ailes du nez et à la racine des cheveux sur un front dégarni haut. Son corps était massivement charnu au point de pouvoir figurer dans une baraque d'exhibition de géantes, le cerne de ses yeux était boucané de façon sinistre et sa grande bouche qui paraissait faite pour vous manger laissait voir quatre ou cinq dents de devant renforcées d'or. Devant cela, malgré sa vigueur habituelle,

Kan se sentit tout de même un peu désarçonné ; où était donc passée sa fougue de tout à l'heure quand il tentait d'enlacer la servante ? Ils étaient séparés par la petite table à thé qui faisait bouclier mais la geisha avait sans doute remarqué immédiatement l'atmosphère de la pièce, le manque d'ambiance et de saké ; elle s'approcha donc de lui, sans retenue aucune, avec un élan tel qu'elle ne put s'empêcher d'aller lui prendre la main. Kan s'enfuit plutôt qu'il ne sortit de la pièce pour redescendre. La servante de tout à l'heure se trouvait devant la porte des lieux d'aisance :

— Ça y est, vous savez, la chambre est prête !

Son ton était empreint de fierté pour la diligence de ses préparatifs.

— Attendez un instant ! Ça ne va pas !

— Tiens ! Comment ça ?

— Comment ça ? Tu en as de bonnes ! C'est pas tout à fait ça.

— Elle ne vous plaît pas ? Ce n'est pas bien de faire la fine bouche. On ne peut rien dire tant qu'on n'a pas essayé. Vous savez, il paraît que cette petite était courtisane à Susaki. Elle a un succès fou. En tout cas, dans ce quartier…

— Fais-en venir une autre !

Kan avait donné un ordre mais ce fut sans effet… Peut-être son crédit de trois yens d'arrhes se trouvait-il épuisé à la caisse ? En désespoir de cause, il se laissa mener dans l'autre pièce mais dix minutes ne s'étaient pas écoulées qu'il se précipitait derechef aux lieux d'aisance dans un effarement extrême ; laissant derrière lui une servante stupéfaite et, heureusement pour lui, une note réglée d'avance, il s'élança finalement dehors, à la manière d'un fuyard.

Une fois arrivé dans la rue des tramways, il se retourna et, constatant que personne ne l'avait suivi, poussa un soupir de soulagement comme s'il retrouvait pour la première fois quelque apaisement ; il demeura planté là pendant un moment puis, semblant s'être remémoré quelque chose, mais de quel ordre..., il bondit dans un tram où il demanda au receveur un ticket pour Sanban-cho.

Kan avait d'abord songé à faire un tour du côté de Hakusan mais s'était ravisé soudain en se souvenant de la maison Yukai de Sanban-cho, commanditée par le patron de l'Unrindo. Au moment où il ouvrait vivement la porte à claire-voie, les échos du coup de canon de midi retentirent au loin.

— Ciel ! Cela fait une éternité qu'on ne vous a vu ! Que vous est-il arrivé ?

C'est par ces paroles que l'accueillit O-Machi, la patronne. Attifée d'un kimono de coton passé sur un kimono de mousseline de soie rustique en simili Oshima, elle releva d'un coup de peigne énergique les coques de son chignon rond mis à mal par une nuit de sommeil.

— Me voilà bien arrangée ! C'est à se dégoûter de soi.

Elle se débarrassa de la cordelette qui retenait les manches de son kimono pour conduire Kan à l'étage tout en maintenant de sa main passée derrière le dos sa ceinture étroite qui menaçait de se défaire lamentablement.

Même si cette petite maison de rendez-vous était semblable aux autres, comme elle était patronnée par un négociant en œuvres d'art, l'alcôve décorative s'ornait d'une peinture due au pinceau d'un peintre contemporain jouissant de quelque renom ; elle représentait la célèbre Yokobue en visite chez son amant devenu moine ; sur le plancher surélevé de l'alcôve était posé un bibelot fréquemment rencontré dans les expositions qui figurait une bergeronnette perchée sur un rocher de cuivre ; comme, en outre, les tatamis paraissaient avoir été changés récemment, on se sentait infiniment plus à l'aise que dans l'établissement d'Azabu avec ses fenêtres au papier noirci de suie et ses grosses mouches aux ailes bleues. S'asseyant directement sur l'accoudoir qu'O-Machi venait de dégager pour lui du coin de l'alcôve, Kan ne prit pas la peine d'enlever son chapeau avant de demander :

— Dites-moi, il vient parfois ici, Uzaki ?

— Non, on ne l'a plus revu. Il paraît qu'il a déménagé.

— Oui, dans un temple. A vrai dire, j'y suis allé aujourd'hui, pour la première fois.

— Ah bon ! Vous auriez dû m'emmener.

— C'eut été bien volontiers si j'avais eu l'intention de venir ici. Figurez-vous qu'il m'est arrivé une histoire épouvantable. En sortant de chez Uzaki, j'ai eu soudain l'envie de m'amuser un peu. Je suis donc entré dans une maison de rendez-vous d'Azabu. Et qui je vois arriver ? Une geisha au visage couvert de boutons ! On me force à passer dans l'autre pièce. Une fois là, c'est encore pire ! Et ils appellent ça une geisha ! Un véritable danger, oui !

— Ho, ho, ho ! Qui allons-nous donc mander pour effacer cette impression pénible ? Oh, mais j'y suis ! La geisha que nous avions fait venir de Hakusan… Vous la connaissez bien, d'ailleurs.

— Vous parlez de Kimiyu ? Qu'est-elle devenue ?

— Allez, ne faites pas l'innocent ! Après, vous lui ferez un petit cadeau.

— Je ne vois pas où vous voulez en venir.

— Vous semblez n'être vraiment pas au courant. La petite Kimi travaille dans le quartier.

— Tiens ! Ça, c'est la meilleure !

En frappant dans ses mains pour ponctuer son étonnement, Kan avait imposé un effort supplémentaire à l'accoudoir qui lui servait de siège et qui s'effondra dans un craquement sinistre. Frappé de stupeur, Kan perdit l'équilibre et, s'affalant sur le sol, alla donner de la tête en plein sur la petite table à thé de santal rouge.

— Aïe !

— Vous ne vous êtes pas fait mal ? Je vous apporte une serviette essorée dans l'eau froide.

— Pensez-vous ! Pas la peine ! J'aimerais mieux avoir du saké !

— Entendu.

La patronne emportait piteusement l'accoudoir écrasé quand elle ajouta dans l'escalier :

— Je téléphone tout de suite à Kimi. Vous ne pouvez pas savoir comme elle va être contente !

Moins d'une demi-heure plus tard, pans de kimono relevés, cheveux coquettement coiffés à la Pompadour, plus actrice ou femme garçon de café que jamais avec sa cigarette tranquillement vissée au bec, Kimiyu faisait coulisser la cloison du petit salon. Kan se retourna à peine à ce bruit, avant de déclarer : « Trinquons ! » d'un ton de grand seigneur. Il avait en même temps lancé vers Kimiyu une main tenant une coupelle à saké avec l'élasticité redoutable du jet de livrée du joueur de base-ball. En son for intérieur, il tremblait qu'elle ne lui demandât des explications sur son mariage et avait donc tenté un coup de bluff destiné à masquer son appréhension.

Mais ce fut une Kimiyu souriant de toutes ses dents qui s'assit devant la petite table à thé :

— Je me demandais qui cela pouvait bien être. Quelle surprise ! J'ai exagérément grossi, n'est-ce pas ? Vous n'imaginez pas combien c'est pénible !

Elle ne cessait de se tortiller comme si son kimono même la gênait, les mains constamment occupées à rectifier l'ordonnance du croisement des deux pans du col.

Kan eut l'air légèrement décontenancé. Il la dévisageait après avoir déposé la coupelle pourtant offerte avec une belle énergie :

— Mais depuis quand es-tu ici ? Je n'en savais absolument rien, moi !

— Au moment du renouvellement de garde-robe. Cela va faire un mois. Vous m'avez laissée terriblement à l'abandon.

Cette fois, elle avait entrepris de tripoter sa coiffure quand elle sembla se souvenir de quelque chose :

— Ah mais, Monsieur Uchiyama, vous allez m'offrir un présent aujourd'hui, n'est-ce pas ! Je vous ferai, moi aussi, un cadeau de félicitations. Un très beau cadeau !

Elle s'était soudain approchée pour lui murmurer quelque chose à l'oreille.

— Petite idiote !

— Ho, ho, ho !

Apparemment fort réjouie, Kimiyu rit quelques instants toute seule puis, se blottissant cette fois tout contre lui d'un glissement de genoux plus appuyé :

— Mon petit Monsieur U ! Vous allez prendre tout votre temps, n'est-ce pas ? Oui ? C'est promis ? C'est que j'ai un engagement aujourd'hui. A une heure, je dois aller à la maison Uokyu. Vous déjeunerez avec la patronne en m'attendant. Je vais donner un coup de téléphone ! C'est oui ? Dites ! Entendu ?

Sans se préoccuper de la mine renfrognée de Kan, Kimiyu avait quitté brusquement la pièce.

Lors de ses débuts à Hakusan, Kimiyu n'avait certes pas pris très au sérieux l'histoire que lui avait contée Kan : « Je t'épouserai quand j'aurai fini ma licence » ; mais comme ce genre de propos ne met pas vraiment mal à l'aise, elle n'avait pas résisté et à cette époque, prétextant des visites au temple, elle était allée jusqu'à consentir deux ou trois rendez-vous secrets. Cependant, le métier entrant, elle s'était bien vite rendu compte que les promesses matrimoniales participaient tout simplement de la rouerie masculine pour obtenir ces rendez-vous secrets ; encore heureux qu'elle fût devenue méfiante sur ce chapitre, car, par la suite, lorsqu'il l'avait mandée à plusieurs reprises, il devint évident que Kan n'était guère plus qu'un client. Mais quand on exerce un métier, la désaffection d'un habitué, ne fût-ce que d'un seul, représente toujours une perte. Voilà pourquoi, à l'occasion du mariage de Kan, elle lui avait fait parvenir, par pure conscience professionnelle, une lettre pleine de reproches. Aujourd'hui, deux mois s'étaient écoulés et cette lettre lui était totalement sortie de la tête.

Abandonné seul à son sort, Kan se versait du saké quand Kimiyu revint d'un pas traînant :

— Laissez-moi vous servir. Je reste avec vous jusqu'à ce qu'on me rappelle. Vous êtes fâché ? Voyons ! Vous savez bien que je dois y aller. Je reviendrai aussitôt. Et n'allez surtout pas en profiter pour vous esquiver ! D'ailleurs, je vais demander à la patronne de veiller sur vous.

Ce fut précisément à ce moment-là que cette dernière eut la bonne idée de venir apporter un carafon de saké chaud.

XIII

Comme la route était longue, il était plus d'une heure du matin quand il regagna ses pénates cette nuit-là. Ce n'était pas précisément la première fois qu'il rentrait tard, si bien qu'on avait laissé ouverte la porte de derrière réservée au service ; tout le monde dormait, les servantes comme les maîtres, et Kan en fut soulagé. En effet, ces dispositions ne concernaient que l'époque où il n'était pas encore marié puisque, depuis l'installation de Choko chez lui, il n'était pas une seule fois rentré si tard. Après avoir franchi, en se baissant, la porte dérobée, Kan mit le loquet mais, peu fier de lui, il ne put s'empêcher de remarquer que le seuil ne lui avait jamais paru aussi haut. Au moment où, étouffant instinctivement le bruit de ses pas, il commençait à faire coulisser la petite porte à claire-voie de l'entrée latérale utilisée par les gens de la maison, à croire qu'il avait déjà été repéré à l'intérieur, une lampe s'alluma et, avec le claquement sec d'une cloison coulissante ouverte rudement, son épouse, Choko, surgit dans le chambranle. Kan avait beau être ce qu'il était, il n'en fut pas moins interloqué et, incapable de piper mot, resta pétrifié sur le sol de béton.

— Dites donc ! Où étiez-vous passé ? Depuis la première heure de ce matin jusqu'à cette heure tardive…

Les yeux exorbités, elle avait parlé d'une petite voix aiguë qui semblait sortir du sommet de son crâne. Quand il voulut dire quelque chose, Kan ne put réprimer un gigantesque rot venu du fond de sa gorge et exhala une haleine avinée.

— Mais, dites donc ! Vous vous êtes enivré !

— Et alors ? Tu ne vas pas te fâcher pour ça !

Kan raillait d'un ton enjoué ; sans doute comptait-il noyer tout cela dans la plaisanterie et il enfonça son doigt tendu dans la joue de Choko en éructant un nouveau rot à la bière. C'est alors que, sans dire un mot et d'une manière tout à fait inattendue, celle-ci s'agrippa à lui.

Pris au dépourvu, Kan chancela et rétablit son équilibre de justesse grâce à un déplacement de pieds.

— Qu'est-ce qui te prend ? Est-ce qu'on s'accroche ainsi aux gens maintenant ?

Il avait beau tenter de se dégager, elle ne s'en accrochait que plus furieusement ; en désespoir de cause, Kan lui saisit le bras et, avec la force qui lui avait valu d'être deuxième dan de judo, le lui tordit en la soulevant et en la repoussant si bien qu'elle alla heurter à grand bruit la cloison coulissante non sans hurler et éclater en sanglots. Toute la maisonnée se trouva réveillée au beau milieu de la nuit.

Lorsqu'elle avait un accès de colère, Choko pouvait, l'espace d'un moment, en perdre à moitié la raison sans penser du tout aux conséquences, mais, une fois la crise passée, elle se ressaisissait comme un charme au point d'être la première étonnée du vacarme insensé qu'elle avait pu provoquer. Cela étant, le lendemain matin, elle se leva plus tard que d'habitude en raison de la fatigue de la veille. Avant son mariage, quand elle habitait encore chez ses parents, elle se lançait comme ça dans des manifestations de semi-folie lorsqu'elle cherchait querelle à sa seconde belle-mère, systématiquement une fois tous les dix jours. Comme cette dernière battait toujours en retraite par crainte du scandale devant les domestiques, Choko ne se contrôlait plus et redoublait de fureur dans ses emportements pour porter l'embarras de sa belle-mère à son comble. C'était bientôt devenu une habitude et, même si elle n'avait pas spécialement l'intention d'en découdre, à la moindre opportunité, elle se lançait dans des débordements furieux.

Le lendemain matin, Choko avait, quant à elle, le sentiment d'avoir déjà tout oublié, mais, contrairement à sa famille d'origine, son entourage actuel n'était pas tout à fait au diapason. A la seule vue des yeux gonflés et du teint terreux de Choko au réveil, Mikiko, la mère pusillanime, ainsi d'ailleurs que sa fille cadette Teruko eurent l'air tout aussi perplexes que la veille au soir et évitèrent de l'approcher autant que faire se pouvait. La femme de chambre, la servante et la cuisinière étaient si manifestement terrorisées que c'en était comique. Même l'acariâtre Toshiko, la sœur aînée, semblait être sous l'emprise de la terreur ; mais elle observait de loin le manège de Choko, mine de rien, avec un regard étrange où se lisait une pointe de dédain, voire une certaine indignation pour ce comportement qu'elle trouvait scandaleux. Quant au chef de famille, le Vénérable Kaiseki, qui avait tout simplement attribué le vacarme de la veille à l'intrusion de voleurs au point qu'il avait failli dans son affolement manquer les marches de l'escalier, ce remue-ménage avait été pour lui le plus gros tohu-bohu de sa vie. L'un dans l'autre, la faute en imputait à l'inconduite de Kan, qu'il avait mandé de grand matin dans son atelier pour l'y sermonner copieusement, une bonne heure durant. Mortifié de s'être ainsi fait chapitrer vertement, Kan avait choisi d'en rejeter la responsabilité sur Choko, cette femme impossible qui avait fait cet esclandre sans lequel personne et surtout pas son père n'aurait jamais rien su. Choko et lui étaient si bien montés l'un contre l'autre qu'ils ne s'adressaient plus la parole. Le jour suivant et même le jour d'après, ils n'échangeaient toujours pas un mot. Non seulement Kan mais toute la maisonnée étaient stupéfaits de voir une femme à l'entêtement aussi horrible ; toutefois, retenu par la crainte, chacun se bornait à une observation prudente et neutre en se gardant bien d'intervenir ou de la heurter en quoi que ce fût.

Ignorant tout du drame qui s'était déroulé, Uzaki vint ce jour-là selon son habitude, en passant par la porte de service après avoir fait crisser le gravier de l'allée du jardin avec ses socques en bois de magnolia, celles qu'il chaussait par temps sec, aux planchettes usées et aux cordons distendus. Comme c'était juste après le déjeuner, le Vénérable Kaiseki était sorti faire diverses courses ; quand Uzaki alla saluer Toshiko et sa mère dans la pièce à cérémonie du thé qui leur tenait lieu de salle de séjour, la conversation roulait exclusivement, est-il besoin de le dire, sur Choko. Après avoir reçu la visite de Kan, deux ou trois jours plus tôt, estimant qu'il ne pouvait rester sans rien faire, Uzaki avait sollicité une entrevue auprès du supérieur du temple dont lui avait parlé sa femme, afin de se renseigner très discrètement sur la famille Osuga ; ce fut donc d'un air sincèrement préoccupé qu'il déclara :

— Cette histoire est effectivement très fâcheuse. En tout état de cause, il me faut prendre l'avis du maître à ce sujet, mais j'essaierai de mon côté de saisir l'occasion pour en parler à M. Kan afin qu'ils puissent se réconcilier. Savez-vous s'il se trouve dans sa chambre en ce moment ?

— Ces derniers jours, il n'a exceptionnellement pas quitté la maison. Il est vrai qu'il a été copieusement sermonné.

— Vraiment ?

Ce disant, Uzaki se leva pour se rendre dans la chambre de Kan, mais il réapparut quelques minutes plus tard, furtif, le visage très troublé pour déclarer d'une voix assourdie :

— Il ne semble pas être là.

— Tiens ! Comme père est sorti, il en a probablement profité pour filer. N'est-ce pas, maman ? fit Toshiko, l'œil écarquillé.

La mère fronça les sourcils :

— Que fait Choko ?

— Elle se repose, dirait-on. La chambre était si calme que j'ai ouvert la cloison tout doucement. Je n'ai pas aperçu le fiston. Comme j'ai vu que la jeune maîtresse était allongée, je me suis esquivé discrètement. Mieux vaut qu'elle soit au calme et qu'elle se repose.

— Oui, évidemment, mais… il ne faudrait tout de même pas que Kan nous revienne à des heures comme la fois dernière. Ne serait-il pas simplement au jardin, ou au petit endroit ?

— Pas de danger qu'il soit au jardin, maman ! Ce n'est pas son genre ! fit remarquer Toshiko d'un ton décidément méprisant.

Sa mère, Kimiko, soupira et regarda Uzaki :

— C'est vraiment très ennuyeux ! Monsieur Uzaki, vous n'avez pas une idée de l'endroit où il pourrait être ? Moi qui espérais que le mariage l'assagirait…

— Il va bientôt revenir, cela ne fait aucun doute. Le fiston sait bien à quel point il met tout le monde dans l'embarras. Au cas où il ne serait pas revenu à la nuit tombée, j'irai moi-même le chercher là où il aurait pu aller. Mais je pense qu'au moins aujourd'hui il sera rentré pour le soir.

Sur ces pieuses paroles de consolation qui lui étaient venues à la bouche par sympathie pour l'air accablé de la mère, Uzaki prit congé de la famille Uchiyama et s'en retourna. Quand il eut terminé son repas du soir, il voulut emmener ses enfants au marché aux fleurs du temple voisin dédié à Seishokosama, mais au moment précis où il franchissait la porte d'enceinte du temple où il habitait, il tomba nez à nez avec la servante O-Naka qui venait chez lui. Kan n'était toujours pas revenu à la maison et la grande maîtresse l'avait chargée d'aller s'enquérir du lieu où il pouvait être. Uzaki trouva que c'était là chose bien embêtante mais qu'il n'avait pas le choix. Dès que la servante fut repartie, avisant un téléphone automatique du voisinage, il parcourut l'annuaire en tout premier lieu à la recherche du numéro de la Midoriya, la maison de rendez-vous de Hakusan ; comme ce nom ne s'y trouvait pas, ce ne fut qu'après avoir composé le 500 des renseignements qu'il put enfin appeler : non, M. Uchiyama n'avait pas reparu depuis la dernière fois. Estimant qu'il ne devait pas y avoir là de mensonge destiné à le couvrir, Uzaki téléphona ensuite à la Société de la Nation belligérante où il lui fut répondu que, oui, en effet, M. Uchiyama était passé peu après le coup de midi mais qu'ensuite on ne savait pas. Dans ce cas, il ne pouvait être ailleurs que chez Yukai, la maison de rendez-vous de Sanban-cho. A la recherche de monnaie pour une troisième communication, Uzaki fouilla dans son porte-monnaie mais constata qu'il n'avait plus une seule pièce de cinq centimes. Une fois sorti de la cabine téléphonique, il trouva un marchand de tabac chez lequel il effectua un arrêt, mais il eut l'oreille frappée par une sonnerie de téléphone s'échappant d'une brasserie voisine ; économe comme il était, quitte à payer cinq yens, il préféra pousser la porte de verre peint et commander une bière ; la gorge lubrifiée, il emprunta le téléphone :

— Allô ! Uzaki à l'appareil. M. Uchiyama ne serait-il pas chez vous ? Comment ! Moi ? Uzaki, voyons ! Appelez-moi la patronne !

Presque immédiatement, la voix de la patronne :

— Ah, M. Uzaki ! Mais ça fait déjà un bout de temps qu'on vous attend ! Où êtes-vous ? Voulez-vous que je vous envoie une voiture ?

Devant ce débit de paroles, Uzaki se trouva le bec cloué.

— Vous savez, la petite Hana est justement là. Ne bougez pas, je vous la passe.

Pris de panique, Uzaki décida qu'avant toute chose il fallait raccrocher. Devant la tournure prise par l'entretien téléphonique, les deux ou trois serveuses de l'établissement aux joues outrageusement fardées d'incarnat comme des singes sourirent de la tête d'Uzaki avec l'air de vouloir se moquer de lui. Ingénument, ce dernier prit le rouge au visage et aussi la fuite. Quoi qu'il en fût, il ne pouvait laisser les choses en cet état. A présent qu'il savait où se trouvait Kan, il lui fallait faire tout ce qui était en son pouvoir pour le ramener, quitte à user de la force. Tout en pestant contre ce quartier empoisonné de Sanban-cho, bon gré mal gré, au terme d'un nombre incalculable de changement de tram car c'était au bout du monde, il parvint enfin en haut de la colline de Kudan.

A entendre les sonneries de clairon de la caserne du Palais impérial qui retentissaient sans cesse par-delà les douves, Uzaki fut soudain assailli du sentiment étrange d'être de retour au logis après un lointain voyage et une longue absence. Le son de ces clairons avait scandé la moitié de son existence, depuis ses tout débuts à l'académie de peinture Yue-Yang, à Naka-Rokuban-cho, puis au cours des nombreuses années où, ayant pris femme, il avait eu ses enfants ; c'était un éclat sonore auquel il s'était habitué du matin au soir, au point même de ne plus l'entendre, mais qui était, néanmoins, gravé profondément au fond de son oreille. C'était au son du clairon que les alignements de lanternes de la côte de Kudan, la perspective que l'on découvrait au loin depuis la colline de Surugadai, le portique gigantesque du sanctuaire de Yasukuni, la statue d'Omura, l'aspect du quartier dans toute la zone de son voisinage s'étaient organisés, jour après jour, à chaque allée et venue, en un paysage familier auquel il était plus qu'accoutumé depuis cette époque où, dans la ville de Tokyo, pas la moindre ligne de tramway n'avait encore été installée.

Songeant que pas une fois, depuis cet automne où il avait brusquement emménagé au fin fond de Shiba jusqu'à ce jour, il n'était revenu en haut de la colline de Kudan, Uzaki sentit tout naturellement monter en lui un prodigieux intérêt pour l'aspect des échoppes et des maisons devant lesquelles il passait. Bien qu'il ne leur eût jamais adressé la parole, il avait retenu nombre de visages de boutiquières et de commis qui se tenaient toujours derrière les comptoirs. Mieux encore, s'il lui arrivait soudain de découvrir un étal qui ne lui était pas familier, il allait jusqu'à se tracasser sans raison pour essayer de se rappeler quel genre d'établissement avait bien pu exister là auparavant, au point d'en buter sur une pierre ou de manquer s'écraser contre un arbre du trottoir. Au coin de la petite rue transversale, le restaurant Uokyu qui s'était agrandi récemment d'un premier étage semblait tout à fait prospère. La transversale suivante avait toujours été très large, plus même que la grand-rue. C'était dans le restaurant Mangenro qui en occupait tout un côté qu'on organisait jadis les banquets du nouvel an de l'académie de peinture Yue-Yang auxquels maître Kaiseki s'était même joint une ou deux fois. En ce temps-là, on ne parlait pas encore de salon officiel du ministère de l'Education. Au Mangenro disparu avait succédé un autre restaurant, le Shimizu, dont la palissade en planches avait été modifiée mais qui avait gardé sa cabine téléphonique. La droguerie-épicerie faisant le coin avec la grand-rue s'était installée plus tard, c'est-à-dire après qu'Uzaki eut emménagé dans le quartier, mais le marchand de livres illustrés et gravures, le boucher et le pharmacien étaient certainement les plus vieux parmi les anciens du lieu. Lorsque, arrivé à cette boutique, on tournait dans la ruelle adjacente, on tombait sur le magasin d'un coiffeur coincé entre les maisons de rendez-vous et les maisons de geishas de Sanban-cho alignées des deux côtés de la rue et, là, on s'engageait dans une venelle où se trouvait, en face d'une pension de famille passablement délabrée et tout à côté de la resserre d'un usurier prêteur sur gages, la maison de rendez-vous Yukai commanditée par Unrindo. Uzaki crut même reconnaître certains des chiens du quartier qui faisaient la tournée des poubelles.

A peine eut-il fait coulisser la porte à claire-voie sur son rail qu'un : « Je vous en prie, par ici ! » l'amena directement au salon du premier.

Sur une petite table à thé bouillonnait un caquelon de poulet aux légumes. Assis en tailleur, les genoux largement écartés, en long kimono ouaté prêté par l'établissement, Kan faisait face à la porte, son éternel cigare de prix au bout des doigts ; au milieu des effluves de vapeur grasse, des volutes de fumée de tabac et de l'odeur du saké, il portait sa coupelle aux lèvres dans un mouvement du coude ample et dégagé. A sa droite, merveilleusement à la mode comme toujours, Kimiyu. A sa gauche, Kohana au chignon en forme de feuille de ginkgo et sa sœur aînée, la patronne de la maison ; chaleureusement accueilli par le quatuor, Uzaki se trouva maté d'entrée de jeu. Incapable même de se tortiller la moustache d'un air important, c'est en rougissant étrangement, comme s'il était convoqué devant un supérieur, qu'il gagna sa place.

— Monsieur, votre coupelle !

Kimiyu brandissait un carafon de saké. Contraint et forcé, Uzaki but une gorgée du bout des lèvres puis reposa sa coupelle tandis que Kohana pêchait des morceaux de poulet dans le caquelon pour les disposer dans un petit bol qu'elle poussa devant lui, en disant :

— Vous avez emménagé terriblement loin, paraît-il !

— Maître, veuillez me faire l'honneur !

La patronne avait tendu sa coupelle :

— Ne trouvez-vous pas la coïncidence extraordinaire ? La maison qui abrite maintenant notre petite Hana est précisément celle où vous habitiez auparavant, celle qui jouxte la Meigetsu-ya.

— Quoi ! La maison d'Uzaki est devenue une maison de geishas ! Ça, c'est la meilleure ! fit Kan en frappant dans ses mains et en éclatant de rire.

La patronne et Kohana commencèrent à expliquer de concert que, lors de son transfert de Hakusan à ce quartier, Kohana avait été prise en charge par la maison Shinkame-Chiyofuji créée par partition d'enseigne dans une venelle située derrière le magasin du photographe qui se trouvait un peu plus loin ; dès qu'une pancarte eut signalé que la maison de maître Uzaki était devenue vacante, comme c'était une occasion à ne pas manquer, la patronne de sa maison n'avait pas hésité une seconde et y avait emménagé sur-le-champ. C'était là que Kohana avait fait ses débuts dans le quartier, peu de temps auparavant.

— Oh, mais vous m'en direz tant ! C'est tout à fait extraordinaire !

Kimiyu écarquillait tout grands ses yeux qu'elle faisait aller et venir du visage d'Uzaki à celui de Kohana comme pour bien souligner le caractère absolument exceptionnel de la chose.

Uzaki se sentait lui-même le siège d'une impression curieuse, jamais encore éprouvée jusqu'ici, à la fois de comique et d'étrangeté, si bien qu'il ne trouva rien de mieux à faire que de noyer dans un sourire solitaire cette pensée confusément troublante. Glissant sur les genoux, Kohana se rapprochait déjà pour déclarer, le visage pointé en avant :

— N'est-ce pas, très cher, que c'est une belle maison ! Dans la grande pièce du premier, c'est là que vous faisiez votre peinture, non ? Oh, le voilà de nouveau avec sa tête à faire peur ! Les cloisons de papier sont tout éclaboussées de peinture, vous savez ! Et quand on regarde par la fenêtre, on a un coup d'œil sur le jardin de la Meigetsu-ya. La grande propriété avec ses arbres immenses, c'est quoi ? Une école ? Un hôpital ?

Elle jacassait à tort et à travers.

Bien que la seule pensée d'Uzaki ait été de sortir Kan de là le plus rapidement possible pour le ramener chez lui, il lui était impossible de le lui dire comme ça à brûle-pourpoint, devant tout le monde ; et, pis encore, c'était le type même de situation où, s'il usait de paroles maladroites, toujours prompt à prendre la mouche, Kan risquait fort de réagir très mal et de lui causer exprès toutes sortes de tracasseries. Tout en vidant ses coupelles de saké, Uzaki était absorbé dans ses pensées quand il se souvint brusquement de la lettre de Kimiyu reçue le soir du mariage de Kan, en l'absence de ce dernier ; il avait alors dissimulé cette missive dans sa manche puis avait laissé passer si longtemps que, finalement, il ne l'avait jamais remise à son destinataire. Il ne manquerait plus que Kimiyu se mît à parler de cette lettre adressée à Kan… Rendu nerveux par cette pensée, Uzaki jetait de temps à autre des regards à cette dernière, à la dérobée.

Après avoir évoqué l'histoire de la maison louée, sans plus se préoccuper de leurs clients, les deux geishas s'étaient lancées à corps perdu dans un papotage dont faisaient les frais les patrons de leurs maisons respectives et tentaient d'établir lequel des deux quartiers, Hakusan ou Fujimi, était d'un meilleur rapport. La patronne, qui avait profité du renouvellement des carafons de saké pour descendre, n'était pas encore remontée. L'ambiance du salon s'était quelque peu refroidie ; le poulet en caquelon commençait à carboniser. Le visage cramoisi comme celui d'un démon, Kan semblait être las de boire comme un bœuf et de bâfrer comme un cheval. Il avait repoussé coupelle et baguettes et se contentait, pour le moment, de rouler des yeux engourdis sur le visage de Kimiyu en se passant le bout de la langue sur les coins de la bouche.

— Ah, ces clients du premier qui sont toujours bruyants !…

Par la fenêtre de derrière, on entendait en bas, dans la venelle, la voix de l'imitateur qui s'était lancé dans un de ses numéros.

— Qui peut-il bien vouloir imiter ainsi ? Il est mauvais, en tout cas !

— Oh, mais c'est Otowaya ! Si, écoutez bien ! C'est sûrement lui !

En entendant les claquoirs à main du fantaisiste imitateur, Uzaki eut la vague impression que la nuit était déjà avancée, aussi fut-ce machinalement qu'il fouilla dans les replis de sa large ceinture pour sortir sa montre et la consulter. Kan surprit son manège :

— Dis donc, mon vieux, quelle heure as-tu ? C'est qu'aujourd'hui j'ai dû filer en catimini, sans montre et même sans argent. Il faut dire que j'ai passé un mauvais quart d'heure !

Uzaki pensa l'affaire réglée. « Il est déjà dix heures, savez-vous ! » Il s'était composé un ton presque comique de sévérité solennelle, mais ce fut le moment que choisit la servante pour ouvrir la cloison de papier chinois et glisser dans l'embrasure :

— Monsieur U, veuillez venir, je vous prie…

— Qui ça, moi ?

Comme si le sourire étrangement goguenard de la servante l'avait immédiatement mis au fait, Kan se leva d'un seul coup et sortit dans le couloir ; force fut donc à Uzaki de le regarder s'éloigner en faisant une tête si désolée que c'était à faire pitié. Rompue au métier, Kimiyu avait déjà compris ; aussi fut-ce sans attendre le retour de la servante que, tranquillement, elle se mit à faire disparaître étui à cigarettes, mouchoir et autres petites affaires, jusqu'au paquet d'Asahi abandonné sur la petite table à thé qu'elle n'oublia pas de rafler en se levant pour sortir.

— Mais vous ne buvez vraiment rien aujourd'hui !

Maintenant qu'elle se trouvait en tête-à-tête avec Uzaki, Kohana avait vidé sa coupelle de saké froid pour la tendre à Uzaki.

— Qu'est-ce qui se passe ? Vous restez ici cette nuit, n'est-ce pas, très cher ? Cela fait si longtemps !

Ecarquillant ses yeux caves, Uzaki s'exclama :

— Rester dormir ! Mais tu me demandes l'impossible ! Il me faut rentrer. Quelle histoire ! Où est passé Kan ? Je veux dire, M. Uchiyama. Il est aux cabinets ?

Comme il avait fait mine de se lever, Kohana prévint le geste d'un ton grondeur :

— Il est là où il est et il y est très bien ! Vous n'allez pas jouer les trouble-fête !

Et elle lui saisit la main.

— Non vraiment, aujourd'hui, il faut que je rentre tôt ! C'est bien embêtant tout ça ! La patronne est en bas ?

— Vous êtes vraiment pressé ? Bon, alors on pourrait passer à côté. On va trinquer comme la dernière fois. On sera mieux là-bas. Alors, c'est d'accord ?

Dévisageant Uzaki avec un sourire chargé de sous-entendus inquiétants, elle frappa à plusieurs reprises dans ses mains pour appeler la servante.

— Nous sommes pressés par ici !

— Ça va, c'est prêt ! La petite pièce au bout du couloir.

La servante se laissa choir pesamment devant la petite table à thé ; s'emparant d'une paire de baguettes, elle mastiqua une bouchée de poulet carbonisé qui restait dans le caquelon.

— Vraiment bon, le poulet de chez Toritetsu !

Et elle se mit en devoir de rassembler plats et petits bols.

Au point où en étaient les choses, Uzaki avait beau être pressé, il se trouvait acculé. Quoi qu'il en fût, il fallait avertir la résidence par téléphone qu'il avait repéré au moins l'endroit où se trouvait Kan, et puis faire en sorte qu'il eût franchi le portail avant les douze coups de minuit. Il n'y avait rien d'autre à faire et, après avoir consulté sa montre une nouvelle fois, Uzaki descendit aux cabinets, puis, avec toute la discrétion possible, prit le téléphone de la réception pour faire son appel. Cela tombait bien, justement, maître Kaiseki n'avait pas encore regagné son domicile et rien d'autre n'était à signaler du côté de Mme Choko. Cette réponse de la servante rasséréna quelque peu Uzaki qui, en attendant que Kan se réveille, pénétra, traîné par Kohana, dans une pièce qui ne lui était pas inconnue.

Soudain une horloge sonna les onze heures. Une impression de calme étrange s'était emparée des alentours. Alarmé, Uzaki releva son visage de l'oreiller ; la pluie tambourinait à la fenêtre.

— Quelle guigne !

— Vous m'avez surprise !

— C'est le déluge ! Le bouquet !

— C'est une *pluie de non-retour.* Ça veut dire que vous ne devez pas partir. Prendre une voiture jusqu'à Shiba, ça va coûter les yeux de la tête, n'est-ce pas ?

Maintenant qu'elle avait appris de la bouche même d'Uzaki tous les détails de l'histoire, c'est avec compassion qu'elle le dévisageait pour lui dire :

— Vous devriez revenir ici tranquillement tout seul dans deux ou trois jours. Pendant la journée surtout, on est bien. C'est si calme…

— On verra…

Uzaki prêta un moment l'oreille au crépitement de la pluie. Le corps tout alangui de ce plaisir qu'il n'avait pas pris depuis longtemps, jusqu'à ses yeux qui se faisaient tout petits, il ne trouvait même pas la volonté de s'asseoir sur la couche…

Tout à coup, on entendit en bas une voix de femme pétrifiante, à croire qu'un incendie ou une querelle venaient d'éclater et, aussitôt, des martèlements de pieds grimpant l'escalier quatre à quatre. Au moment précis où, de surprise, Kohana et Uzaki se trouvaient déjà sur leur séant et ouvraient la cloison coulissante en papier de Chine, une voix leur intima : « Restez là ! » tandis que s'abattaient avec force deux pattes de démon qui les saisirent à l'épaule.

— De quoi ? En voilà des manières ! s'exclama Uzaki.

— Je suis inspecteur de police. Tenez-vous tranquille !

Kohana tomba à la renverse sur son kimono abandonné en désordre. Tout aussi pris au dépourvu par l'incongruité de la situation, Uzaki se mit debout et demeura raide comme un piquet, tandis que la lampe allumée du couloir lui révélait distinctement cette scène tragique, quoique burlesque, d'un second inspecteur qui, ayant fait irruption dans la chambre à l'autre bout du couloir, employait toute son énergie à extraire par les pieds Kan et Kimiyu du placard où, la tête la première, ils s'étaient enfournés, pris de panique.

— Dis-moi, à quelle maison appartiens-tu, toi ?

Le premier inspecteur avait sorti son calepin. La quarantaine, trogne fleurie aux cheveux coupés dru comme une bogue de marron d'Inde, plantée sur un cou de taureau tanné par le soleil, court sur pattes mais avec des épaules monolithiques, bref, un physique d'une robustesse à toute épreuve. Kimono doublé en mousseline de soie mille-raies, au col crasseux et aux pans courts, bâillant à la poitrine sur un tricot de corps, chaussettes bleu marine avec un gros rapetassage là où mord la lanière des socques. Point de surtout, une simple ceinture souple en mousseline de laine nouée par-derrière dans laquelle était glissé un étui à cigarettes fatigué. Il relevait continuellement ses manches sur ses épaules comme si elles le gênaient dans sa besogne.

— Ton nom ?

— Je m'appelle Kohana.

Elle parlait d'une voix que le tremblement rendait presque inaudible. Hilare, il appréciait la tenue de Kohana :

— Kohana… de quelle maison ? Arrangée comme tu es, d'où que tu sois, tu es bonne pour le flagrant délit.

Considérant sa propre apparence, Uzaki fut envahi d'un tel sentiment de honte indicible qu'il devint écarlate jusqu'au lobe de l'oreille.

— A vous, maintenant. Vos nom et adresse.

— Je te prie de m'excuser, mais pour ma réputation…

Ne pouvant même pas terminer sa phrase, Uzaki paraissait être au bord des larmes.

— Je ne fais que mon devoir. Ne vous avisez pas de me donner une fausse identité. Ça va chercher dans les vingt-neuf jours de mise aux arrêts !

Uzaki fut saisi d'un frisson. La gorge sèche, il lui semblait que, même s'il avait voulu parler, sa voix lui aurait refusé tout service. Déglutissant avec application :

— Shiba-kita, Teramachi n° … ; Uzaki Shin.

— Age ?

— Quarante et un ans.

— Profession ?

— Je fais de la peinture.

— C'est bien exact ?

— Oui.

— Ça va pour cette nuit. Mais, à l'avenir, surveillez-vous !

Sur ces mots, l'inspecteur se mit en devoir de faire lever Kohana. Celle-ci poussa un cri et se mit à pleurer tandis qu'Uzaki pouvait enfin souffler. Anxieux du sort de Kan, il se précipita vers la chambre du fond pour constater que, là aussi, l'interrogatoire de Kan se terminait et qu'on était en train d'emmener Kimiyu en flagrant délit. Celle-ci pleurait à gros sanglots.

— Monsieur Uchiyama, faites donc quelque chose ! Demandez pardon !

Ce fut à son cri déchirant que la fausse déclaration d'identité de Kan fut éventée. Il avait, en effet, décliné le nom d'Uzaki pour le sien si bien que, brusquement, on ne sut plus lequel des deux était le véritable Uzaki. Alors qu'ils venaient de bénéficier d'une relaxation, on jugea bon de les emmener au commissariat. Toutes les justifications d'Uzaki débitées d'une voix larmoyante étaient désormais inopérantes. C'est ainsi qu'ils furent tous deux jetés au dépôt du commissariat de Koji-machi.

XIV

Kan et Uzaki perdirent donc leur nuit au dépôt et ce ne fut pas avant les dix heures, le lendemain matin, qu'ils furent appelés pour subir de la part du préposé un interrogatoire complet assorti d'une sévère réprimande, à la suite de quoi ils furent relaxés. Chance bienvenue au milieu de tous ces malheurs, la giboulée d'automne de la nuit dernière s'était finalement dissipée et, en cette belle journée d'été de la Saint-Martin, le ciel était limpide, comme s'il avait reçu un grand coup de balai. Mais malgré la gaieté d'un temps aussi splendide, c'est le cœur lourd qu'une fois franchie la porte du commissariat, ils prirent tous deux leurs jambes à leur cou, en allant droit devant eux jusqu'à une venelle où, à bout de souffle après cette course d'une bonne cinquantaine de mètres, ils s'arrêtèrent vaguement soulagés et se dévisagèrent.

— Eh bien, mon vieux !

— Fiston !

— Non, mais tu as vu comment ils traitent les gens ! Quels grossiers personnages !

Kan se frappa la cuisse de son poing fermé comme s'il ne pouvait davantage contenir sa colère.

— C'est trop mortifiant ! Il faut boire pour effacer ça ! J'en ai trop gros sur le cœur !

— Voyons, Fiston !

Plutôt que de lui faire remarquer qu'il n'en ferait jamais d'autre, sans trouver rien à dire, Uzaki se contenta de dévisager Kan d'un air fâché et, comme il n'avait pas fermé l'œil de la nuit, il frotta ses yeux rougis de la paume de ses mains.

— Je meurs de faim, moi ! Quelle heure est-il, en fin de compte ?

— Bientôt midi. Il est onze heures et demie.

Avec une expression pleine de ressentiment, Uzaki ne cessait de contempler dans sa main serrée la montre qu'il avait extraite de sa ceinture.

— Ah, mais c'est normal alors que j'aie faim. Dis donc, si on allait manger quelque chose ? On contre-attaque chez Yukai ?

— Comment ? Encore là-bas !...

La voix d'Uzaki tremblait légèrement.

— Tiens donc ! Ils nous doivent bien ça ! Après tous les ennuis qu'ils créent à leurs clients, ils peuvent bien nous donner à manger ! Comment oseraient-ils en rester là ? On pourrait même aller négocier ça directement avec Unrindo. Qu'en dis-tu ? Allons le voir.

Comme, de toute manière, il ne pouvait demeurer éternellement planté à ce coin de rue, Uzaki commença, en tout cas, à marcher deux ou trois pas dans la direction qu'avait prise Kan. Une voix les héla par-derrière :

— Attendez, Monsieur Uchiyama, Maître Uzaki ! Vraiment, je ne sais comment m'excuser !

Feutre mou à la main, exécutant courbette sur courbette, Aizawa, le patron de l'Unrindo, les avait rattrapés.

Sans même se rendre compte qu'ils s'étaient retournés, Kan et Uzaki fusillèrent Unrindo du regard.

— Si seulement j'avais été là, j'aurais pu faire quelque chose. Malheureusement, hier soir, j'avais une réunion de collègues... Vous pensez si j'ai été bouleversé quand j'ai appris l'affaire ce matin ! Quoi qu'il en soit, toute affaire cessante, je me suis précipité... Je suis accablé de honte, je n'ai aucune excuse !

— Nous ne pouvons ni rentrer chez nous, ni nous montrer où que ce soit ! Tu te rends compte de l'embarras dans lequel nous sommes ? Non, mais tu t'en rends compte ?

Regardant fixement le visage d'Unrindo, Uzaki avait dit cela sur un ton plein d'une rancœur et d'une détresse indicibles. Tout beau parleur qu'il eût été, Unrindo en resta coi et ne put que répéter, en inclinant la tête à chaque fois :

— Excusez-moi ! Vraiment, je suis désolé.

— Uzaki, tu n'as pas de cigarettes ?

Kan s'était remis à marcher.

— Moi, j'en ai. Tenez, servez-vous.

Unrindo avait plongé les deux mains dans ses manches pour en retirer un paquet de Shikishima et une boîte d'allumettes qu'il offrit à Kan tout en s'empressant d'enchaîner :

— Je ne peux supporter de laisser les choses en cet état. Il faut absolument que vous passiez tout d'abord soit à mon magasin d'Ichigaya, soit à Sanban-cho. D'ailleurs, c'est l'heure du déjeuner... et je tiens à réitérer mes excuses, car je trouve tout cela absolument navrant.

— Aller à Sanban-cho ? C'est certainement interdit de commerce.

Kan s'était détourné avec froideur. Unrindo fit un signe aux pousse-pousse qui stationnaient au carrefour d'en face et les emmena, puisqu'il en était l'heure, dans un restaurant occidental de Kaizaka-ue qui n'était pas tellement éloigné. A moitié par dépit, Kan se jeta sur du Masamune chaud dont il but de si grandes lampées sur un estomac vide qu'il fut bien vite éméché et, à croire qu'il avait complètement oublié la cuisante aventure de la veille, il en arriva bientôt au point de s'agripper à Unrindo pour le persuader d'aller quelque part s'amuser pour tout effacer.

— Moi, je rentre pour voir où en sont les choses et je vous rejoins plus tard.

Inquiet pour ceux de la résidence et pour sa propre famille, Uzaki prit congé comme s'il prenait la fuite devant la porte du restaurant et s'en fut seul prendre un tramway.

Lorsqu'il en descendit en bas de la butte de Shirogane, les rayons du soleil de ce début d'hiver s'étaient soudain fait obliques et les ruelles en contrebas de la colline commençaient à devenir sombres au point que, surpris de voir des lampes allumées dans certaines maisons, il tira sa montre pour constater qu'il était déjà plus de quatre heures. Il s'essouffla à grimper vite les escaliers de pierre du temple dans l'enceinte duquel se trouvait sa maison. Parvenu devant chez lui, alors qu'il en examinait l'intérieur sans autre pensée particulière, il nota dans l'entrée en terre battue une paire de grandes bottes abandonnées par leur propriétaire et, à moitié cachés par la cloison laissée entrouverte, un manteau kaki et un sabre posés sur les deux tatamis du vestibule surélevé.

C'était sûrement son frère cadet Inomatsu, du régiment Sakura, venu à un bien mauvais moment ; à l'idée de ce qui s'était passé la veille, le cœur lui manqua et il resta figé devant la porte d'entrée à claire-voie.

— Vous aurez beau l'attendre, ça ne le fera pas venir ! Vous avez vu l'édition du soir, non ?

C'était la grosse voix cassée d'Inomatsu. O-Kei répondit quelque chose d'inaudible. Puis, à nouveau, la grosse voix d'Inomatsu :

— Regardez donc ! Qui d'autre cela pourrait-il être : Uchiyama Kan (trente ans) Uzaki Shin (quarante et un ans) !

En entendant ces mots, Uzaki ne put plus demeurer debout devant sa porte et franchit à nouveau, mais à pas étouffés, cette fois, le portail du temple, sans bien sûr savoir pour autant où aller. Ses jambes le conduisirent machinalement vers la rue des tramways en bas de la butte de Shirogane, où il avisa un crieur de journaux annonçant l'édition du soir. Uzaki acheta un exemplaire du *Quotidien du soir*. C'était bien la première fois de sa vie qu'il prenait de la monnaie dans sa bourse pour acheter une gazette. Depuis qu'il avait cessé d'être homme à tout faire chez maître Kaiseki, à l'époque où il habitait à Fujimi, il n'avait jamais pris de journal. Il lui suffisait de le lire chez les Uchiyama quand il s'y rendait tous les trois jours. Ou de lire à la volée celui de ses voisins de tramway, car il avait calculé que cela lui permettait une économie significative de quarante-cinq centimes par mois. Et voilà qu'à présent, parvenu à l'hiver de ses quarante et un ans, il se voyait contraint d'acheter une édition du soir en utilisant ses propres deniers. En ce début d'hiver, c'était le moment de la journée où les rayons du soleil couchant dardaient de biais et de plus en plus bas jusqu'au-dessous de l'avancée des toits des habitations d'en face, ce qui, par contraste, enténébrait ce côté-ci, rendant malaisée la lecture du journal dont l'impression, déjà aléatoire, papillotait devant ses yeux.

Planté au pied du poteau d'arrêt du tramway qu'il faisait mine d'attendre, les yeux écarquillés comme des soucoupes, Uzaki se mit à la recherche de la rubrique qui étalait publiquement sa honte. Pas étonnant qu'on ne la repère pas si facilement, pensa-t-il : elle débordait de la colonne où courait justement la pliure du papier.

Faits divers – Désordres

Ayant reçu une information selon laquelle, dans maintes maisons de rendez-vous des quartiers de plaisir de la haute ville, on s'adonnait secrètement au jeu des cartes fleuries, les policiers en civil du commissariat de Koji-machi se sont réparti la besogne et ont profité de l'occasion pour opérer des descentes inopinées dans plusieurs de ces maisons avec des résultats significatifs. A savoir : à Tsunomaki..., à Fujimi..., etc.

Uzaki parcourut minutieusement la liste des noms de maisons de rendez-vous, des geishas et de leurs clients, ce qui lui arracha un profond, très profond soupir. C'était sans aucun doute cette édition du soir qu'avait lue son frère cadet, Uzaki Inomatsu, lieutenant d'infanterie au régiment Sakura. Pourtant on ne prenait jamais le journal chez lui ! Son frère n'aurait-il pas, en l'attendant, chargé un des enfants d'aller lui acheter l'édition du soir ? Et il serait ainsi tombé, par malchance, sur cette rubrique… Les choses étant ce qu'elles étaient, qu'allait-il faire, lui, à présent ? Rentrer pendant qu'Inomatsu se trouvait chez lui paraissait plutôt délicat…

A la mort de leur père, quand il avait été question de la prise en charge de leur mère, une certaine mésentente avait marqué pour un temps les rapports entre Uzaki et son frère Inomatsu. Cela remontait à une dizaine d'années. En ce temps-là, Uzaki faisait encore office de disciple à demeure à l'académie de peinture Yue-Yang, tandis que le cadet était déjà sous-lieutenant au régiment d'Azabu auquel il avait été attaché dès sa sortie de l'Ecole militaire ; c'est ainsi que ce dernier avait eu la mauvaise surprise d'avoir à assumer, bon gré mal gré, le règlement de toutes les affaires domestiques après la mort du père ainsi que la charge de la mère. Il va sans dire qu'à cette époque, le cadet avait insisté pour que l'aîné réintégrât le domicile familial en abandonnant l'académie du Vénérable Kaiseki, mais Uzaki avait réussi, tantôt par la pleurnicherie, tantôt par la flagornerie, à se décharger de tout sur les épaules de son frère, pas uniquement par souci d'éluder ses responsabilités, mais en fait parce qu'il se demandait s'il arriverait à subsister à la force de son pinceau.

Bien qu'il ait été l'enfant premier-né, Uzaki avait toujours été tourné en ridicule d'abord par ses parents mais également par son cadet Inomatsu et même par sa sœur Tatsuko. Alors qu'au sortir de l'école primaire cette dernière avait poursuivi ses études jusqu'à l'Ecole normale, si bien que, dès l'année précédant la mort de leur père, elle recevait un traitement d'institutrice pour le poste qu'elle occupait dans une école primaire des environs de Yotsuya, et tandis qu'encore un an plus tôt Inomatsu, déjà promu aspirant cadet, faisait étinceler un beau sabre tout neuf sur son uniforme kaki, Shin, l'aîné, avait échoué à l'examen d'entrée de pratiquement toutes les grandes écoles gouvernementales, l'Ecole militaire cela va sans dire, mais aussi l'Ecole de la marine marchande et l'Ecole normale ; même si, entré en désespoir de cause au service de maître Uchiyama comme disciple à demeure, il était devenu peintre, il ne s'était pas fait un nom pour autant. Bien sûr, pour le père, employé au greffe du tribunal, et de ce fait fonctionnaire au salaire modeste, la vue du nouvel uniforme de son deuxième fils Inomatsu et le diplôme d'agrégation à l'enseignement primaire de sa troisième née, Tatsuko, étaient sources de joie et de prometteuses perspectives, alors que la stérilité et la pusillanimité de son aîné retenaient toute son attention. « Un vaurien pareil, qu'il soit là ou non, c'est strictement pareil ! Il me suffit d'avoir Inomatsu et Tatsuko et je n'ai aucun souci à me faire pour les dernières années qui me restent à vivre. » Cet état d'esprit du père n'avait pas échappé à Uzaki. Ce dernier en avait ressenti bien de la colère, éprouvé bien de l'amertume, mais il n'y pouvait rien. Le résultat de son indignation et de son découragement fut que, feignant l'indifférence devant ses parents et son frère, il s'était composé une contenance – qu'est-ce qu'un artiste peut comprendre aux choses de la vie ? – et résolu courageusement à ne plus remettre les pieds à la maison et à prendre souche dans le vestibule de la résidence de maître Kaiseki. En effet, il lui aurait été trop pénible d'habiter dans la même maison que son frère et sa sœur dont le traitement et la position sociale ne manqueraient pas de s'élever avec les années ; tandis que, s'il passait des années à s'occuper des affaires domestiques de maître Kaiseki – il était prêt à y demeurer jusqu'à ce qu'on lui dise de décamper –, il finirait bien par être considéré comme quelqu'un de la famille ; s'il montrait une patience à toute épreuve, la famille Uchiyama serait obligée de faire en sorte qu'il acquière tout de même, à l'avenir, une certaine position sociale.

Ce fut ainsi que, s'abritant derrière sa stupidité et son incompétence, Uzaki avait confié sa vieille mère à son frère et à sa sœur ; cependant, quand, à l'époque où l'on célébrait le troisième anniversaire de la mort de son père, il avait finalement pris pour femme une certaine O-Kei, servante chez les Uchiyama, fille d'un paysan qui possédait quelques arpents de terre à Himon'yazai et emménagé dans une maison à Fujimi, son frère Inomatsu et sa sœur O-Tatsu ne lui épargnèrent aucune récrimination. N'était-ce pas lui l'aîné, après tout ? Il était donc tout naturel qu'il prenne la maman chez lui ou qu'au moins il en assume les frais d'entretien mensuels. Pour se décharger de la rancœur que lui causait le mépris dont il avait été abreuvé jadis dans sa famille, Uzaki avait joué les innocents, louant exagérément la compétence et la position sociale de ses frère et sœur et leur avait représenté que, plutôt que de mettre leur mère dans une maison de peintre impécunieux comme la sienne, au risque de la voir mal nourrie, mieux valait la laisser aux soins excellents d'un fils soldat, rempart valeureux de la nation : c'était tout d'abord infiniment plus convenable pour leur mère elle-même mais ça ne pouvait, par ailleurs, que rejaillir sur la réputation d'Inomatsu qui se trouverait considérablement grandie et ce, dans des proportions inimaginables ; Uzaki avait ingénieusement mis au point une argumentation imparable. En militaire bon teint, Inomatsu n'était pas particulièrement patient et ne continua donc pas trop longtemps à récriminer ; ainsi, l'année suivante, quand la maman était morte de maladie, il avait réussi à rassembler tant bien que mal, vu l'état de ses finances, la somme nécessaire aux funérailles de sorte que, finalement, tout s'était déroulé très correctement. C'était depuis ce temps que les relations entre les deux frères n'étaient pas des meilleures.

Et maintenant, en tant que frère aîné, comment pouvait-il feindre l'ignorance devant cet Inomatsu avec lequel l'entente n'était déjà pas brillante et qui avait appris par les journaux son inconduite de la veille au soir ? Sans oublier qu'il y avait aussi la famille Uchiyama... Comment pourrait-il aller courber bien bas sa tête de quarante ans pour avouer cyniquement qu'il était allé se divertir avec le fiston ? Tout aussi incapable de regagner sa maison que de se rendre chez son maître, Uzaki avait beau réfléchir, il avait le sentiment de se trouver à bout de ressource, acculé au bord d'un précipice. Mais comme il ne pouvait tout de même pas demeurer éternellement planté au pied de ce poteau d'arrêt du tramway, ce fut en proie à la plus grande perplexité qu'il se mit péniblement en chemin, dirigeant ses pas vers Hiyoshi-zaka.

Cette côte de Hiyoshi devenait horriblement poussiéreuse dès qu'il faisait beau, été comme hiver, au point d'en être impraticable pour celui qui avait chaussé des socques à la semelle en forme de sabot ; quand, quittant l'enchevêtrement des maisons situées en contrebas, il en empruntait la chaussée excessivement large et en atteignait le sommet au ciel superbement dégagé, Uzaki avait l'impression de déboucher sur une vaste plaine bien qu'elle fût limitée des deux côtés par des falaises plantées d'arbres à la frondaison luxuriante. Impression encore plus forte ce soir-là car, en ce début d'hiver, les rayons du soleil couchant embrasaient violemment le ciel surplombant de haut le sommet de la côte ; au moment où, sans intention de s'arrêter, Uzaki s'immobilisait tout de même pour lever la tête et apprécier le chemin qui lui restait à parcourir jusqu'au sommet, une femme surgit au loin, dévalant la pente dans sa direction, sans se soucier le moins du monde des nuages de poussière qu'elle soulevait sur son passage. Tout en s'écartant d'un pas devant cet élan qui aurait mené à une collision s'il n'avait pas cédé la place, Uzaki la regarda et quelle ne fut pas sa surprise de découvrir qu'il s'agissait de Choko, la jeune maîtresse de la résidence ! Alors qu'on était fin novembre et que la nuit était tombée, elle ne portait ni surtout ni châle sur son kimono de mousseline de soie rustique, du genre de ceux que l'on revêt chez soi quand on reste à la maison et quant à ses socques, c'étaient, semblait-il, des socques de jardin retenues par des lanières de simple écorce de bambou. Ayant réalisé au premier coup d'œil le caractère insolite de la situation, Uzaki oublia complètement son quant-à-soi :

— Excusez-moi, jeune madame ! Dites ! Dites !

Le tramway de Meguro grimpait la pente en déplaçant des nuages de poussière et en faisant crisser les rails avec un hurlement à faire grincer les dents. Comme Choko poursuivait son chemin d'un pas résolu, à croire que ce tintamarre avait empêché la voix qui l'appelait de pénétrer ses oreilles, Uzaki saisit sans réfléchir une de ses manches par-derrière, avant même de l'avoir rattrapée.

— Jeune madame ! C'est moi ! Uzaki !

Choko s'arrêta, se retourna mais ne sembla pas être en mesure de dire quoi que ce fût.

— Jeune madame ! Je suis tout à fait sans excuse aucune ! Mais je vous prie de me pardonner !

Uzaki avait parlé avec une pointe de tremblement dans la voix, cassé en deux, fléchissant les genoux autant qu'il le pouvait mais hésitant tout de même à se prosterner là dans la poussière.

L'air totalement stupéfait, Choko se contenta de fixer le visage d'Uzaki. N'ayant pas eu le loisir de lire le moindre journal du soir et nullement au courant du fait que la nuit dernière son époux et Uzaki avaient été conduits d'une maison de rendez-vous au commissariat de police, Choko ne voyait évidemment aucune raison à ce qu'Uzaki se répande ainsi en excuses ou se casse en courbettes. Après un moment de silence, elle se décida à parler :

— Monsieur Uzaki, vous allez à la maison ?

— Oui, je suis venu avec l'intention de me rendre à la résidence, mais comment pourrais-je jamais faire amende honorable ? Je suis littéralement plongé dans l'opprobre.

— Monsieur Uzaki, quand vous irez à la maison, vous ne direz rien à personne, je vous en prie ! Je vous en conjure : ne dites ni à ma belle-mère, ni à ma belle-sœur, ni à quiconque que vous m'avez rencontrée ici.

— Bien. Si vous me dites de ne rien dire, je ne dirai rien, bien sûr. Mais, jeune madame, où allez-vous de ce pas ?

— Juste à côté d'ici, tout près… Ne vous inquiétez pas pour moi !

Ayant donné cette réponse évasive, Choko fit mine de se remettre en route.

— Madame ! Jeune madame ! Veuillez donc attendre un instant !

Uzaki était troublé au point de la saisir à nouveau par la manche. Comme si elle avait compris qu'elle ne s'en sortirait pas ainsi, Choko rendit à Uzaki son regard et lui dit :

— Je ne rentrerai plus jamais à la maison. C'est pour cela que je vous demande de ne dire à personne que vous m'avez rencontrée ici. Je suis une abandonnée. Abandonnée par mon mari… abandonnée depuis longtemps par ma propre famille… Je suis quelqu'un qu'on abandonne…

Incapable de terminer sa phrase, Choko se mit la manche de son kimono sur le visage en avalant ses larmes bruyamment. Uzaki eut voulu disparaître dans un trou.

— Tout cela est de ma faute. Je vais de ce pas à la résidence et je vais présenter mes excuses. Je vous demande de bien vouloir m'accompagner.

— Non ! Non ! Je ne remettrai plus les pieds à la maison ! J'ai d'ailleurs laissé une lettre derrière moi, je ne peux donc plus rentrer à la maison !

Choko essuya ses larmes et recommença à marcher d'un pas vif. Le désir d'Uzaki d'attraper à nouveau une manche de son kimono ne fut pas tant réfréné par la présence d'un passant qui se retourna sur leur manège que par l'air intrigué d'un autre qui s'arrêta, ce qui acheva de plonger Uzaki dans la plus grande confusion ; que se passerait-il, en effet, si jamais un gardien de la paix en tournée s'intéressait à ses agissements ? Pour éviter d'aggraver la situation, très préoccupé, il n'eut d'autre choix que d'emboîter le pas à Choko.

La veille, celle-ci avait attendu toute la nuit le retour de son époux, Kan, et ce matin, vers les neuf heures, elle s'était mise à la table du petit déjeuner, comme à l'accoutumée, avec sa belle-mère, Mikiko, et sa belle sœur, Toshiko, mais ni l'une ni l'autre ne souffla mot de Kan. Comme, par-dessus le marché, la femme de chambre qui servait à table la dévisageait, tout en s'en défendant, ce qui lui faisait rouler les yeux en tous sens, c'en fut plus que Choko ne pouvait supporter ; dès qu'elle eut quitté la pièce du petit déjeuner, elle décida de fuir cette maison. Cependant, maître Kaiseki recevait toujours beaucoup de visiteurs dans la matinée et elle aurait pu se faire remarquer entre le vestibule et le portail ; c'était la même situation pour la porte de service qui était un lieu de passage intense avant midi, avec tous les fournisseurs qui venaient prendre ou livrer les commandes. Tandis qu'elle étudiait ainsi toutes les possibilités, l'heure du déjeuner était arrivée mais toujours aucun signe du retour de Kan ; toute la maisonnée était devenue de plus en plus nerveuse, prenant vis-à-vis d'elle les précautions que l'on prend pour toucher un abcès, ce qui avait achevé de lui rendre l'atmosphère irrespirable ; si bien qu'elle avait voulu se défiler par la porte dérobée au fond du jardin mais, à ce moment précis, la jeune sœur, Teruko, avait eu la malencontreuse idée de ramener deux camarades de classe, ce qui avait animé la maison ; ce ne fut donc pas avant l'approche du crépuscule qu'elle avait finalement pu saisir l'occasion de filer.

Redoutant une querelle effroyable comme la dernière fois que Kan avait réintégré son domicile après avoir vadrouillé toute la nuit, toute la maisonnée, belle-mère en tête, avait choisi d'éviter de heurter Choko – quelles paroles de consolation aurait-on bien pu trouver dans ce cas ? – et même de l'approcher, préférant feindre l'ignorance que lui briser le cœur par des propos inconsidérés. Choko, de son côté, souffrait d'un tel sentiment d'infériorité qu'elle s'imaginait être la risée de toute la maison ; plutôt que de ressentir rancune et jalousie vis-à-vis de Kan, elle en voulait à tout le monde dans la maison et il lui semblait que, si elle ne faisait pas quelque chose qui les pétrifierait de stupeur, elle ne se sentirait jamais apaisée. Aussi avait-elle écrit une lettre d'adieu :

Je pense que je suis parfaitement inutile dans cette maison. J'ai le sentiment que ma présence est au contraire une gêne, aussi je prends la fuite. Veuillez me considérer comme morte. Je ne retourne pas chez mes parents. J'ignore d'ailleurs où je vais. Toutefois, je ne serai une cause d'embarras pour personne, soyez donc tout à fait rassurés sur ce point. Mon époux ne me considère pas comme sa femme, d'ailleurs il ne me traite pas comme telle ; par conséquent, je considère inutile d'avoir de l'affection ou du respect pour lui. Lorsqu'il rentrera, je vous prie de lui transmettre mes salutations. Adieu donc.

De la femme qui a été abandonnée.
A toute la famille.

Ayant posé sur la coiffeuse la lettre ainsi rédigée, elle s'était éclipsée avec pour tout vêtement ce qu'elle portait et s'était retrouvée sur la grand-rue de Shirogane, étonnée de constater qu'elle était plutôt insensible au vent de ce soir d'hiver ; les tremblements qui l'agitaient semblaient avoir pour effet de la calmer, à se demander finalement où était cette tumultueuse exaspération du début qui l'avait d'abord incitée à se pendre à un pin du jardin ou plutôt à se précipiter dans le puits pour leur donner à tous une bonne leçon. Et puis, alors qu'elle commençait à dévaler la côte de Hiyoshi, les lampes des maisons qui bordaient la rue du tramway s'étaient allumées… Elle ne savait plus où aller désormais, ni que faire, ce qui l'avait plongée dans une angoisse extrême.

Ce fut à ce moment-là que, hélée par Uzaki, Choko avait une nouvelle fois ressenti cet élan qui aurait très bien pu la faire se jeter à l'eau ; mais elle avait compris que ce n'était guère plus qu'une bravade et s'était résignée à ce que cet Uzaki, tout à fait désemparé par ailleurs, trottât derrière elle ; elle ne pensait plus du tout à fuir ni à se cacher ; aussi, une fois parvenue au bas de la côte de Hiyoshi, elle s'était dirigée vers Gyoran-zaka, se bornant cette fois à suivre le chemin. La nuit était maintenant complètement tombée. Guettant un moment où il n'y avait pas de passant, Uzaki se coula une nouvelle fois à son côté.

— Jeune madame, veuillez rentrer avant qu'il ne se fasse trop tard. Je vais vous accompagner. Vous n'imaginez pas combien tout le monde sera heureux de vous voir !

— Que dites-vous ? Je suis partie en laissant une lettre d'adieu ! Et vous voudriez que je revienne ainsi, toute honte bue ? C'est là qu'ils riraient tous et auraient beau jeu de se moquer de moi !

— Laissez-moi faire ! Je trouverai les mots qu'il faut. Je ferai en sorte que vous sauviez la face. Faites-moi confiance, jeune madame. Laissez-moi faire !

— Vous m'ennuyez ! Que vous importe ce que peut devenir une femme comme moi ?

— Si je ne vous connaissais pas, ce serait évidemment une autre affaire. Mais, après ce que vous m'avez appris ici, dans la rue, il m'est impossible de demeurer indifférent. Venez avec moi à la résidence !

— Non, non et non ! Je ne veux pas rentrer !

Choko trépignait comme un enfant qui refuse d'entendre raison, étendant même ce mouvement de refus à ses manches qu'Uzaki n'avait d'ailleurs pas encore saisies :

— De toute manière, et quoi que quiconque puisse dire, je ne rentrerai pas. C'est non !

— Quelle histoire ! Ecoutez, jeune madame, que diriez-vous de venir chez moi ? C'est ça, venez à la maison. Il fait nuit à présent. Il ne faudrait pas que vous attrapiez froid. Allons chez moi. Vous me raconterez tout. C'est le mieux à faire. Oui, faisons cela !

Uzaki avait fini par prendre le ton de celui qui calme un enfant. Arrivé à ce stade, il n'avait plus le loisir de réfléchir à une solution à son problème qui, tout à l'heure, avant la venue du crépuscule, l'avait précipité dans une marche sans but en direction de la côte de Hiyoshi parce qu'il se trouvait lui-même dans l'incapacité de rentrer chez lui. Quand il eut réussi à entraîner Choko, tantôt la calmant, tantôt la persuadant, jusqu'à chez lui, il constata que le bonhomme Inomatsu tant redouté devait être parti, car lorsqu'il jeta un coup d'œil par la porte à claire-voie, les bottes avaient disparu de l'entrée en terre battue et le silence régnait à l'intérieur de la maison :

— Jeune madame, j'habite une maison fort modeste, mais je vous en prie…

Tout en faisant coulisser la porte à claire-voie, il appela d'une voix puissante :

— O-Kei ! O-Kei !

Cette dernière se trouvait dans la cuisine exiguë à expédier avec les enfants le repas du soir ; au timbre tonitruant de la voix de son mari, elle se précipita dans le vestibule ; alors qu'elle était encore en train de mastiquer, la vue de la jeune maîtresse, pour le moins inattendue, sinon imméritée, la surprit au point qu'elle n'eut même pas le temps de couvrir de sa manche un rot de radis fermenté. Elle se mit néanmoins sur-le-champ à expliquer à Uzaki que son frère cadet du régiment Sakura l'avait attendu aujourd'hui la moitié de la journée et qu'il y avait eu un entrefilet dans le journal du soir, si bien qu'Uzaki ne voyait pas comment entamer la conversation. S'excusant de n'avoir pas eu le temps de faire le ménage de toute la journée, O-Kei commença à faire de l'ordre, avança les coussins, ranima les braises dans le brasero, versa le thé tout en réprimandant les enfants « en plein dans l'âge où ils ne font que des bêtises ! » qui s'étaient mis à pleurer bruyamment à la suite d'une dispute ; ce fut un beau remue-ménage. Devant ce spectacle, Choko ne pouvait que ressentir de la sympathie ; oubliant pour le moment la question de sa vie ou de sa mort, l'air triste et sombre, elle s'assit devant l'alcôve décorative sur le coussin que lui offraient les époux.

XV

Le tumulte causé par le départ de Choko fut, pour Uzaki, un bonheur inestimable. En effet, sans ce tohu-bohu, il ne fait aucun doute qu'à la suite de l'incompétence dont il avait fait preuve lors de l'affaire de la garde à vue il se serait vu interdire l'accès à la résidence Uchiyama. Au moment où, frappé de stupeur à la lecture de l'article dans l'édition du soir, le Vénérable Kaiseki avait mandé son épouse à l'étage, Toshiko avait découvert au rez-de-chaussée la lettre laissée par Choko et toute la maisonnée avait aussitôt été plongée dans la tourmente. En temps ordinaire, on aurait aussitôt fait venir Uzaki ; cependant, avec l'article du journal, on était non seulement plein de défiance mais encore on ne savait même pas s'il était chez lui ; en désespoir de cause, on s'était donc enquis directement par téléphone chez les Osuga pour apprendre finalement que Choko avait bel et bien disparu ; réunis tous les trois, le Vénérable Kaiseki, sa femme et Toshiko n'avaient plus que soupirs pour s'exprimer. Avec la publication dans le journal de l'arrestation du fils de la maison et l'éventuel suicide par noyade de Choko, l'honneur de la famille Uchiyama était en lambeaux. C'en serait fini du renom de Toshiko dont les poèmes avaient été retenus à plusieurs reprises lors des tournois de poésie organisés par le bureau des Affaires littéraires de la cour impériale, et Teruko, la cadette, devrait sans doute, par gêne, interrompre pendant quelque temps ses études dans la section féminine de l'université des Pairs… Lorsque, au beau milieu du désarroi ambiant quant à ce qu'il convenait de faire désormais, O-Kei, la femme d'Uzaki, vint annoncer que la jeune madame était saine et sauve, ce fut une telle explosion de joie qu'ils faillirent tous en sauter au plafond. Apparemment ravi au-delà de toute expression, Kaiseki accepta de bonne grâce les excuses formulées par O-Kei en lieu et place de son époux mais, comme il ne pouvait être question d'en rester là, il attendit le retour de Kan pour confronter le lendemain les deux compères lors d'un interrogatoire en règle d'où il ressortit que le seul vaurien était le fils de la maison. Loin d'être l'instigateur de la débauche du fils de son maître, Uzaki était, bien au contraire, perpétuellement exposé à des ennuis du fait de ce dernier. Plus l'interrogatoire se prolongeait, plus sa probité méticuleuse et indéfectible fut mise en évidence, si bien qu'il finit par jouir, à la suite de cette affaire, d'une confiance encore plus grande de la part des Uchiyama. La réprimande se transforma en une demande voilée d'assurer la surveillance de Kan :

— Cher Uzaki, je te remercie à l'avance de bien vouloir être très vigilant. On ne sait jamais quelle ânerie il pourrait aller imaginer.

Chargé de ce redoutable honneur, c'est sur un : « J'en suis tout à fait indigne ! » qu'Uzaki prit congé ; il trouva chez lui Aizawa, le patron de l'Unrindo, qui l'attendait depuis près d'une heure afin de lui renouveler ses excuses pour la fâcheuse histoire de l'autre nuit et lui faire accepter, tant bien que mal, un bon d'achat de trente yens auprès du grand magasin Mitsukoshi.

Le bonheur d'Uzaki ne se limita pas à cela. Environ une semaine après le tohu-bohu, un tireur de pousse envoyé par la famille Osuga, les parents de Choko, vint un beau matin apporter à son domicile une énorme boîte de gâteaux assortie d'une missive. Emballé dans un papier empesé sur lequel se détachaient en une superbe calligraphie les mots « Petits Fours », le paquet était encerclé des cordonnets de bon augure, en filoselle rouge et blanche. L'adresse qui figurait sur la grande enveloppe jointe avait été tracée au pinceau épais : *A l'aimable attention de maître Uzaki Kyoseki* ; au dos : *Osuga Akimasa, titulaire du premier degré du troisième rang à la cour.*

Rectifiant instantanément sa posture, Uzaki se mit en devoir de réajuster les pans de son kimono qui laissaient voir ses genoux et c'est avec le plus grand respect, à la manière d'un prêtre shinto en train de manier un texte sacré, qu'il déplia la lettre roulée à l'intérieur. Les yeux d'O-Kei passaient de la contemplation de la boîte de gâteaux qu'elle avait elle-même reçue des mains du coursier à celle du visage de son mari occupé à lire la missive. Celui-ci resplendissait de joie :

— O-Kei, c'est un tireur de pousse qui a fait la course ? Offre-lui du thé. Fais-le patienter jusqu'à ce que j'aie écrit la réponse. Attends ! Sais-tu où se trouve le papier à lettres de qualité supérieure ? Rappelle-toi ! Celui que nous envoie le magasin d'éventails de Komagata dans des petites boîtes, à l'occasion des échanges de cadeaux de fin de semestre. Tu sais bien, les enveloppes et le papier de riz extra-fin…

Tout en retenant sa femme qui allait quitter la pièce, Uzaki cherchait comme un fou dans les parages de sa table de travail.

— Le voilà ! Ça y est ! Je l'ai trouvé ! Il était là !

Pas question d'utiliser l'encre de Chine de tous les jours ; Uzaki sortit donc de sa boîte de couleurs un reste de bâtonnet de la célèbre maison Kobaien dont se servait le Vénérable Kaiseki pour parapher ses œuvres et décrocha même un pinceau tout neuf.

J'ai eu l'honneur insigne de prendre connaissance de votre missive. Devant votre envoi de ces pâtisseries bien trop raffinées pour votre humble serviteur, les mots me manquent et je n'ai que mes larmes de reconnaissance pour exprimer mon immense gratitude. Vous me faites un plus grand honneur encore en voulant bien me convier ce soir à votre résidence. Tout en m'estimant parfaitement indigne de paraître devant vous, je respecterai votre désir et me permettrai donc de venir vous présenter, avec mes respects, mes vœux de santé et de prospérité pour vous et votre famille. Je pourrai en cette occasion vous renouveler de vive voix mes remerciements les plus sincères et vous prie de bien vouloir transmettre à madame votre épouse mes très déférents hommages.

Dans cette attente, bien respectueusement vôtre.

Le 15 novembre.

A Monsieur Osuga Akimasa, titulaire du premier degré du troisième rang.

Aux bons soins de son secrétaire particulier.

Uzaki avait déployé une telle énergie, tant pour le style que pour la calligraphie de cette lettre, qu'il n'hésita même pas à déchirer et à jeter à plusieurs reprises mais sans aucun regret ce papier pourtant hors de prix qu'il avait reçu du magasin Ryokuindo. Quand il eut fini sa séance d'écriture, il poussa un soupir d'épuisement mais, ayant pris conscience du temps passé, il saisit sa réponse et descendit au rez-de-chaussée pour la remettre au tireur de pousse qui attendait près de la porte à claire-voie :

— Voici, jeune homme. Merci d'avoir patienté. Transmettez bien mes salutations. Je vous remercie d'être venu de si loin.

Se retournant vers O-Kei accroupie près de l'huisserie de la porte d'entrée :

— Ce soir, je suis invité à dîner à la résidence de M. Osuga.

— Vraiment ?

A ce moment précis, onze heures sonnèrent à l'horloge du salon. Dressant l'oreille, O-Kei poursuivit :

— Dans ce cas, un déjeuner léger fera l'affaire.

— Hum, c'est entendu ! Par contre, ma boisson du soir, je la prendrai volontiers ce midi.

— Comment ça ? Du saké ?

— Tu l'as dit. J'ai droit à une mesure par jour. Comme je dîne ce soir chez M. Osuga, cette mesure de saké constitue un surplus. Arrête de lésiner et va plutôt me chauffer un carafon. Il est déjà onze heures, bientôt temps de préparer le repas.

— Vous êtes bien pressé ! Je viens à peine de ranger la table du petit déjeuner. D'ailleurs, je ne sais pourquoi, mais le marchand de légumes n'est pas encore passé ce matin.

— Je n'ai pas faim, pas encore envie de déjeuner. C'est seulement qu'il fait froid et que j'ai envie de saké chaud. C'est normal qu'il fasse froid, vu le vent qu'il y a !

Enivré par cette mesure de saké intempestif, Uzaki s'empourpra jusqu'au fond des yeux. Insensible pour une fois au vent venu des hauteurs du plateau, il sortit pour se rendre chez le barbier proche de son domicile ; quand il rentra chez lui après s'être fait couper les cheveux, tailler la moustache et être allé au bain public, il fut pris d'une aussi soudaine que violente envie de dormir et, alors qu'il n'avait même pas fini de se couper les ongles des pieds, il roula en boule sur un coussin crasseux dont il se fit un oreiller. Il avait à peine eu le temps de s'allonger que :

— Papa ! On est de retour !

Kimono et visages maculés de boue, ses deux fils rentraient de l'école.

— Ça, c'est sûrement des gâteaux ! Papa, on peut ouvrir la boîte ?

Avec une redoutable promptitude, les enfants avaient repéré la boîte envoyée par les Osuga et s'apprêtaient à en délier les cordonnets de filoselle de leurs mains terriblement sales avant même que, à peine réveillé, Uzaki ait eu le temps d'émettre le moindre bâillement. Frappé de stupeur, il poussa pourtant un hurlement :

— Holà ! Que faites-vous ? Espèces de goinfres ! C'est un cadeau que je dois faire ! Si vous voulez des gâteaux pour votre goûter, demandez-en à votre mère.

En appelant leur mère à grands cris, les enfants dévalèrent l'escalier en cavalcade. Uzaki sortit du tiroir de la table sa montre-oignon de nickel au placage écaillé.

— Trois heures et demie. C'est un peu tôt, peut-être…

Il parlait tout seul mais, constatant qu'il ne tenait pas vraiment en place, il s'engagea dans l'escalier qu'il descendit d'un pas lourd.

— O-Kei, sors-moi mon kimono armorié. Je vais me préparer. Il est trois heures et demie ; il sera donc quatre heures quand je sortirai. Pour aller jusqu'à la résidence de Sugamo, il me faudra bien une heure. En plus, ça va être l'heure de pointe et les journées sont courtes.

Uzaki changea de kimono et prit même la peine de mettre des socquettes neuves. Quant aux socques de bois, il était hors de question d'enfiler ses éternelles socques de magnolia ; il chaussa les socques larges en bois de paulownia fixées par des lanières épaisses de vrai cuir qu'il avait reçues du Vénérable Kaiseki un jour de grand ménage et qu'il avait décidé de ne porter que les jours de l'an.

Quand il descendit à l'arrêt de Sugamo, les réverbères étaient, comme il s'y attendait, déjà allumés et les grands arbres des résidences avoisinantes se détachaient en ombres chinoises majestueuses sur le ciel, leurs branches bruissant dans la brise hivernale. Uzaki s'engagea dans le dédale des venelles dont il connaissait la clé pour en avoir reçu le plan et arriva sans encombre devant le portail de la résidence Osuga ; bien qu'il ait vu de la lumière à travers la cloison translucide de l'entrée principale, il contourna volontairement la maison pour aller se présenter, sous les aboiements du chien, du côté de l'entrée ordinaire où, ayant fait coulisser la porte à claire-voie, il s'annonça timidement :

— Veuillez m'excuser !

Un étudiant-domestique de dix-huit, dix-neuf ans apparut et le mena dans un salon de belles dimensions. A première vue, on y était frappé par l'aspect neuf des tatamis et du papier des cloisons translucides aux croisillons disposés en rectangles et peints ; quant aux éléments architecturaux en bois, que ce fussent les bandes d'archivolte, les poteaux de l'alcôve décorative, le plafond ou les châssis des cloisons coulissantes, ils étaient recouverts soit de laque soit de tout autre revêtement qui leur donnait une certaine patine, si bien que, malgré les lampes allumées de taille conséquente qui les faisaient étinceler, il régnait dans cette pièce une atmosphère de pénombre. Cette semi-obscurité qui rappelait celle des salles d'étude des temples bouddhiques faisait naître l'impression d'être dans le salon d'un antiquaire de renom, d'autant plus que tous les objets décoratifs, tant les rouleaux de peinture que les bibelots, étaient manifestement de grand prix et d'une rareté remarquable. Les deux secrets du succès en brocante sont premièrement d'inspirer confiance et deuxièmement de provoquer l'amour fou pour un objet au premier coup d'œil. Le vieil Osuga savait parfaitement tout cela et c'est pourquoi, lorsqu'il avait, au printemps de l'an passé, fait reconstruire sa salle de séjour et le salon du bâtiment annexe, il avait volontairement préservé le caractère vétuste du portail, de l'entrée principale et de ce salon-là. Ensuite, cédant aux demandes confidentielles des brocanteurs qui fréquentaient sa maison de longue date, il y disposait de temps à autre des objets en provenance de leurs magasins qu'il mêlait à ses trésors personnels. Ainsi, lorsqu'un nouveau riche sollicitait une entrevue pour une expertise ou toute autre affaire, il s'en retournait après avoir posé un regard insistant sur ces bibelots forcément vénérables puisqu'ils étaient exposés dans le salon de la résidence Osuga ; c'était finalement souvent une excellente manière de nous trouver des acquéreurs et de faire monter considérablement la valeur desdits objets. Etant donné que le vieil Osuga recevait, à chaque fois, une commission appréciable, on pouvait pratiquement considérer ce salon de belle taille baignant dans la pénombre comme la devanture parfaite de ces magasins de bric-à-brac.

Lorsqu'il y avait été introduit par l'étudiant-domestique, Uzaki ignorait, bien entendu, tout cela ; dans l'attente du maître de maison, il se sentait simplement extrêmement confus et, refusant le coussin offert courtoisement, s'abstenant de fumer, il contemplait, pénétré d'un respect craintif, et à bonne distance, en faisant clignoter ses petits yeux caves, le rouleau de peinture suspendu dans l'alcôve décorative, le paravent, les calligraphies encadrées et les divers bibelots qui ornaient les étagères. Il avait devant lui une calligraphie en quatre caractères d'Okubo Koto dont il se souvenait fort bien pour l'avoir remarquée lors de sa première visite, quand il avait apporté les cadeaux traditionnels à l'occasion du mariage de Kan. Le paravent de Buntetsu représentait sur deux panneaux un paysage peint à l'encre de Chine ; dans l'alcôve, au-dessus d'une grande vasque en cloisonné chargée de citrons médicinaux, était accroché un rouleau représentant Jurojin, l'un des sept dieux du Bonheur chevauchant son cerf. D'après le marouflage très ancien, Uzaki ne douta pas un seul instant qu'il ne s'agît d'une œuvre de Tannyu ou d'un autre artiste d'importance mais, comme il s'était fait tout petit en s'asseyant juste à côté de la porte coulissante, il eut beau tendre le cou, il ne put déchiffrer la signature.

Un léger raclement de gorge dans le couloir, et la cloison s'ouvrit. Rentrant instantanément son cou en extension, à la manière d'un bébé tortue, Uzaki recula encore plus son arrière-train au point d'aller heurter le mur et, les fesses sur les talons, se prosterna, le front sur le sol :

— Je ne saurais vous dire mon embarras pour l'immense sollicitude dont vous m'avez honoré ce matin en m'envoyant par coursier ce magnifique présent…

— Allons, allons, Monsieur Uzaki, rapprochez-vous. C'est qu'avec la tombée de la nuit il fait nettement plus froid. Je vous en prie, prenez un coussin pour vous asseoir. Vous ne fumez pas ?

Usant d'un ton familier, M. Osuga souleva le couvercle d'une boîte à cigarettes en bois gravé posé sur un plateau de santal rouge qu'il fit glisser du côté d'Uzaki.

La soixantaine, les cheveux grisonnants coupés court, un visage terriblement oblong, en lame de couteau, joues creuses et mâchoire saillante recouverte d'une longue barbe également grisonnante. A voir son kimono en pongé de laine et soie d'authentique Oshima merveilleusement assorti à la longue veste d'intérieur confortablement ouatée, en soie de Hachijo, tout dans son apparence respirait la retraite opulente et raffinée ; nul n'aurait pu imaginer, même en rêve, qu'il fût homme à extorquer dans le plus grand secret d'importantes commissions à des antiquaires. Ayant reçu en héritage génétique, sans en perdre une miette, la sagacité, la faconde et l'inclination particulière des bouffons chargés du service du thé ou des médecins de convenance au service du seigneur qui sévissaient sous l'ancien régime du shogunat, avec ses manières et sa façon de parler spontanément affables, Osuga était doté d'une adresse étonnante qu'on devrait plutôt appeler tempérament propre à lui concilier les bonnes grâces des puissants, tout en étant capable, selon celui qu'il avait en face de lui, de se renfermer d'un coup dans sa dignité et de se donner des airs tels que l'autre ne sache plus où se mettre. Pour un vieux renard comme lui, disposer de la vie ou de la mort d'un homme prudent et pusillanime comme Uzaki, c'est-à-dire se le mettre dans la manche, c'était une affaire emballée d'avance, il n'en faisait qu'une bouchée à son petit déjeuner. Depuis l'affaire de la désertion de domicile conjugal de Choko, sa fille de naissance malséante, Osuga devait s'inféoder Uzaki. Cette fois-ci, l'affaire s'était bien terminée mais, avec cette Choko, on ne pouvait jurer qu'elle n'irait pas un jour, en commettant on ne sait quelle bêtise, exposer ses parents à l'opprobre du monde. Comme mesure préventive il fallait, coûte que coûte, se concilier cet Uzaki qui jouait pratiquement le rôle d'intendant auprès des Uchiyama et en faire un espion chargé de surveiller Choko ; dans une première étape, sous prétexte de remercier l'insigne bienfaiteur de sa fille, Osuga l'avait convié à un banquet au cours duquel il se proposait d'en évaluer le comportement et c'est également pour cette raison qu'il lui fit rencontrer Tamako, sa jeune seconde épouse.

Comme elle avait été l'instigatrice du mariage de Choko qu'elle voulait chasser de la maison, Tamako craignait plus que tout une éventuelle répudiation de cette dernière qui signifierait son retour au foyer familial ; tourmentée par cette inquiétude prématurée, alors qu'en temps ordinaire elle n'appréciait guère la fréquentation des invités de son mari, elle mit, ce soir-là, tout son cœur à accueillir chaleureusement Uzaki. Quant à lui, non seulement reconnaissant au-delà de toute expression de pouvoir simplement échanger des paroles avec un ancien préfet, titulaire du premier degré du troisième rang à la cour et médaillé de troisième classe de l'ordre du Mérite, Uzaki était, de plus, ému jusqu'aux larmes de l'extraordinaire hospitalité de l'épouse du maître de maison.

Après ce seul et unique festin, il se sentait prêt à vendre son âme au diable.

Au moment où il eut franchi le portail après avoir pris congé sur le coup de huit ou neuf heures, il fut insensiblement gagné par l'ivresse et, titubant, heurta une pierre sur le bord de la ruelle ; sans prêter la moindre attention à l'éraflure de ses pourtant précieuses socques en bois de paulownia veiné en ligne droite, quand il fut sur le point de tourner dans une venelle transversale, il se retourna instinctivement vers la résidence et souleva son chapeau.

XVI

Alors qu'en temps normal Uzaki se fixait pour objectif d'arriver chez les Uchiyama peu avant les onze heures du matin, le lendemain il décida de s'y rendre à une heure beaucoup plus matinale. Connaissant en effet le caractère jaloux et possessif de maître Kaiseki, il savait bien que ce dernier ne manquerait pas d'être froissé s'il apprenait qu'Uzaki avait, la veille au soir, répondu à une invitation des Osuga sans lui en avoir soufflé mot ; il en avait pris conscience au réveil, une fois dissipés les derniers effets du saké, et en avait aussitôt éprouvé de l'inquiétude. Après avoir franchi la porte de service, il pensait grimper directement au premier étage, mais, ayant remarqué un pousse en stationnement et une paire de chaussures devant l'entrée principale, il fut bien obligé de faire un détour par la pièce à thé ; il s'annonça d'un : « C'est moi, Uzaki… » et ouvrit doucement la cloison pour découvrir que ni la maîtresse ni Toshiko n'y étaient. Seule s'y trouvait la femme de chambre, O-Hide, occupée à verser du thé dans une des tasses destinées aux invités qu'elle venait de prendre sur une étagère.

— On a une visite ?

— Le médecin…

— Le médecin ? Qui donc est malade ? Le maître ?

— Non, la jeune maîtresse.

Sur ces mots, O-Hide s'en fut, emportant la tasse de thé posée sur une soucoupe vers la chambre du fond qui servait de pièce de séjour aux jeunes mariés.

Abandonné à son sort, Uzaki avait senti son cœur battre plus fort sans raison et s'était assis, abattu, dans un coin de la pièce quand, surpris par le roulement sec de la cloison coulissante ouverte sans ménagement, il se retourna et appliqua aussitôt ses deux mains sur le tatami pour saluer de manière manifestement polie Kan qui était planté là :

— Je vous souhaite le bonjour !

Depuis le fameux incident qui lui avait valu de recueillir toutes les louanges au détriment de Kan, Uzaki se sentait très mal à l'aise vis-à-vis de ce dernier ; dès qu'il l'apercevait, il se livrait à des démonstrations de politesse d'une exagération comique. Kan, de son côté, lui opposait à chaque fois une froideur glaciale et restait totalement impassible devant les salutations d'un Uzaki de plus en plus accablé. Mais, ce jour-là, c'est sur son ton d'autrefois qu'il déclara :

— Passe me voir dans ma chambre tout à l'heure !

Il s'agissait sans nul doute d'un problème embarrassant et Uzaki se réjouit en secret de cette bonne aubaine. Puisqu'il en était ainsi, ce n'était pas le moment d'évoquer inconsidérément la maladie de Choko dont venait de lui parler O-Hide, et Uzaki décida de se taire en feignant l'ignorance ; tout en surveillant la véranda, Kan se rapprocha soudain d'Uzaki auquel il glissa d'un ton sinistre, en baissant la voix :

— Dis-moi, tu n'as pas de problème de santé ces temps-ci ?

— Comment ?

Totalement déconcerté par cette question inattendue, Uzaki :

— Non, je vous remercie.

— Vraiment ? Alors, c'est tant mieux.

Continuant de guetter sans relâche du côté de la véranda, Kan baissa à nouveau la voix :

— Moi, je suis bien embêté. Le truc d'autrefois, ça me reprend. Je ne sais que faire. Je voudrais bien voir un médecin, mais depuis l'incident, on m'a coupé les vivres ; je n'ai plus un sou, je ne peux donc pas aller consulter. Si je n'étais pas marié, je pourrais engager ma montre au clou mais là, c'est impossible. Dis, prête-moi dix yens. Dix yens seulement. Je te les rendrai sans faute.

Le ton de Kan s'était fait pressant, il se rapprochait au point d'acculer l'autre ; tout juste s'il n'avait pas la main tendue. Uzaki redoutait que le maître pût les voir en train de comploter à mi-voix. D'autre part, il avait l'impression que, s'il refusait cette fois-ci, la rancœur cumulée de Kan serait terrible ; c'est pourquoi, sans même savoir si cette histoire était vraie ou fausse, Uzaki sortit de bon cœur son portefeuille dont il exhiba le contenu dans son entier, à savoir, un billet de cinq yens et trois d'un yen ; il remit le tout à Kan. A ce moment-là, on entendit au fond du couloir la voix de Mikiko, la maîtresse, qui frappait dans ses mains.

— O-Hide, monsieur le docteur va partir !

Pris entre deux feux, les bruits de pas se rapprochant du côté de la véranda et les préparatifs pour le départ du médecin, Uzaki choisit de s'esquiver par la porte de service tandis que Kan se dirigeait vers les cabinets en escamotant les billets dans sa manche.

Lorsqu'il passa à nouveau la tête dans l'entrebâillement de la cloison de la pièce à thé, après avoir laissé le temps au pousse du médecin de faire crisser le gravillon de l'allée, constatant que maître Kaiseki s'était joint à la maîtresse et à Toshiko, Uzaki se dit que la situation était grave ; le cœur battant une nouvelle fois la chamade, il s'apprêtait à saluer en appliquant ses deux mains sur le seuil, quand Kaiseki :

— C'est toi, Uzaki ? Veux-tu bien téléphoner à M. Osuga pour lui annoncer la nouvelle. Il paraît que Choko est enceinte.

— La jeune madame… enceinte ? Je vous présente mes félicitations.

Terrifié, Uzaki l'avait été encore plus en entendant le nom d'Osuga ; bien qu'il eût été aussitôt rassuré, il manqua défaillir et ne put se lever tout de suite. L'air ravi, Mikiko :

— Tout à l'heure, j'ai été vraiment stupéfaite. Pendant le petit déjeuner, elle s'est soudain plainte d'avoir mal au cœur et elle est devenue livide. Si ce n'était qu'une nausée de grossesse, il n'y avait pas de quoi appeler un médecin.

N'ayant pas eu l'expérience de la grossesse et n'ayant, par ailleurs, jamais été en bons termes avec Choko, Toshiko, la fille revenue vivre chez son père, regardait la joie de ses vieux parents d'un œil froid et même grognon. En se levant, Kaiseki :

— Où est Kan ? Va vite le mettre au courant. Et puis, Uzaki, quand tu auras appelé M. Osuga, tu voudras bien aller jusqu'à la banque à Nihonbashi ; j'avais oublié, mais il faut faire aujourd'hui un versement partiel pour la Compagnie sucrière ; tu n'oublieras pas de prendre une attestation.

— Entendu, Maître.

S'étant fait remettre le livret de compte de la banque et le sceau de son maître, Uzaki venait de s'engager dans la venelle qui allait le mener à la grand-rue quand il fut hélé par-derrière. Il se retourna, c'était Kan ; il frémit involontairement, comme s'il venait d'apercevoir un bandit de grand chemin et s'empressa d'enfouir plus profondément dans sa ceinture le sac contenant livret et sceau. Mais Kan avait l'air vraiment malade et c'est d'un pas lourd qu'il s'approcha :

— Ça ne va pas du tout. J'ai des élancements et ça me fait mal quand je marche. Toi, tu n'as vraiment rien ?

— Rien du tout !

— Tu as de la chance ! Je ne sais où j'ai attrapé ça. En tout cas, les geishas, c'est dangereux ! Tu feras bien de prendre garde. Qu'est-ce qu'on déguste !

— Où allez-vous de ce pas ?

— Chez le médecin. Je t'ai tapé tout à l'heure, non ? Ce serait gênant d'en parler au médecin de famille. Je n'ai pas le choix. Je vais aller à la clinique Aiyo de Kojimachi. J'y suis déjà allé quand on habitait encore à Rokuban-cho.

— Vous avez déjà eu cette maladie quand vous habitiez là-bas ? Je n'en ai rien su.

— C'est quand j'étais à l'université de Tokyo. Je sortais pas mal avec un certain Tajima ; il avait été hospitalisé et j'en ai profité pour consulter à mon tour. On m'avait dit qu'une fois ce mal chopé, on était vacciné. Alors, j'étais tranquille. Tu parles ! Quelle tuile ! Surtout maintenant que je suis marié !

— Il faut vous soigner et guérir vite. D'autant plus que la jeune maîtresse est enceinte.

— Quoi, en cloque ? Uzaki, je crois que j'ai raté l'occasion. Tu te souviens de l'histoire que je t'ai racontée ? Tu sais, la naissance irrégulière de Choko.

Il semble que maintenant on ne peut plus rien faire ? D'ailleurs, je ne suis pas tout blanc non plus depuis l'histoire de l'autre jour.

Partagé entre l'embarras et le doute, Uzaki ne pouvait, malgré lui, détacher son regard du visage de Kan. Celui-ci poursuivait son monologue :

— Puisqu'elle a maintenant le ventre gros, je n'y puis plus rien. D'ailleurs, quand on y pense, elle est plutôt à plaindre.

Ils étaient arrivés à l'arrêt du tram sur la grand-rue. Kan s'arrêta et sortit un paquet d'Asahi :

— Tu en veux une ?

— Non, merci.

— Ne te gêne pas. Je les ai achetées avec l'argent de Choko. Tu sais, ma femme est vraiment étrange. Jusqu'à ce jour, je ne lui ai jamais donné le moindre sou. Malgré cela, elle réussit à s'acheter tout ce qu'elle veut, fard blanc ou parfum, avec son argent de poche. C'est bizarre. Elle reçoit encore maintenant, de temps à autre, des mandats-cartes de sa famille. C'est comme ça qu'elle est toujours pleine aux as. Tandis que moi, à la suite du fameux incident, j'ai été d'un seul coup confronté à l'*isolationnisme* de toutes parts, tant au *Journal d'Orient* qu'à la Société de la nation belligérante et au club de base-ball. Je suis dans la dèche la plus complète. C'est bien pour cela qu'il me faut traiter mon épouse avec la plus haute considération. Quel sort pitoyable pour un licencié en droit ! Ha, ha, ha !

Abasourdi, Uzaki en resta coi. Après avoir bien ri tout seul, Kan poursuivit :

— Et en plus, elle a le teint basané et les cheveux frisés ! Alors, sa naissance, c'est bien trop compliqué ! Peu importe ! D'ailleurs, nous sommes les seuls à connaître son secret.

Le tram était enfin arrivé. Les places vacantes étaient éloignées les unes des autres si bien qu'ils s'assirent chacun de leur côté ; Uzaki acheta un billet pour le pont Kanasugi et Kan en prit un pour le pont Akabane.

XVII

Le petit autel propitiatoire derrière elle, les joues appuyées sur les mains, les coudes posés sur le rebord du brasero rectangulaire de la pièce de réception mi-obscure, en kimono de nuit et veste courte, les cheveux arrangés en grand chignon simplifié, la patronne de la maison Yukai déclara d'un ton éteint :

— Tu sais, Kohana, je me demande, en fait, si je ne vais pas carrément essayer de me remettre au métier. Regarde, on est déjà le 23, aujourd'hui ! Ça va être le jour de l'an, je ne peux pas me permettre de rester comme ça à ne rien faire.

— Grande sœur, il n'y a vraiment rien à faire pour l'obtenir, cette autorisation ?

Kohana s'était arrêtée de fumer sa longue pipe à tuyau de bambou pour jeter un regard plein de compassion sur le visage de sa sœur aînée, O-Machi. A la suite du fameux incident de l'autre jour, Kohana avait obtenu la commutation de sa mise aux arrêts de cinq jours en une amende d'un yen par jour et, après une période de confinement au premier étage de sa maison, elle avait pu reprendre le travail comme avant car, à la différence des quartiers populaires, ce genre d'affaire était monnaie courante dans ces districts de la haute ville ; mais il n'en allait pas de même pour les maisons de rendez-vous et la Yukai-ya était encore aujourd'hui sous le coup d'une interdiction de commerce. Il va sans dire que son commanditaire, Unrindo, poursuivait jusqu'à ce jour et sans désemparer sa campagne de pétition par le canal du secrétariat de la guilde des maisons de rendez-vous mais, même maintenant où un bon mois s'était finalement écoulé, on ne voyait poindre le moindre espoir d'une levée de sanction. La cause devait en être imputée, semblait-il, au fait qu'Unrindo avait fait du premier étage de cet établissement un tripot de cartes où il réunissait au moins une fois tous les trois jours ses collègues de la bourse, qui étaient parfois sept ou huit les jours où ils étaient nombreux.

— Il paraît qu'il n'y a rien à faire ? C'est, en tout cas, ce que disait l'expert du secrétariat qui est venu hier ; il avait l'air bien ennuyé. Pour un problème de routine, on ne ramasse jamais plus de quatorze jours d'interdiction mais c'est cette histoire de cartes fleuries qui complique tout, paraît-il.

— Mais enfin, grande sœur, il n'y avait personne, ce soir-là, qui tapait le carton, non ?

— A ce moment-là, non, mais d'habitude, c'est vrai que ça arrive souvent, par la faute du patron. D'ailleurs c'est cela même qui a déclenché l'affaire.

— Le patron, lui, qu'est-ce qu'il te dit de faire ? Il est d'accord pour que tu reprennes le métier ?

— Peu importe ! D'ailleurs, ces derniers temps, on peut lui parler de n'importe quoi, il ne veut rien écouter sérieusement. C'est pas compliqué, il dit que je n'ai qu'à m'amuser comme une non-professionnelle pendant quelque temps. Mais quand je pense à l'avenir, je ne peux m'empêcher d'être inquiète. Il est bizarre ces temps-ci. Je me suis laissé dire qu'il était à la colle du côté d'Asakusa…

— Décidément, ils sont tous pareils ! Si ça doit se passer comme ça, ce n'est plus la peine de t'en faire. Cette maison, ici, elle est à ton nom, n'est-ce pas ? Tu n'as qu'à frapper un grand coup dès maintenant, le plus vite possible, il me semble.

— Kohana, tu sais, je n'en ai encore parlé à personne mais cette maison, le patron l'a hypothéquée depuis fort longtemps. En cas de pépin, j'ai bien l'impression que c'est moi qui valserai. Jusqu'au téléphone qu'il a hypothéqué en faisant semblant d'avoir emprunté à un ami ; c'est d'ailleurs cet ami qui me l'a appris ; tu sais, M. Ya de la bourse. Ce jour-là, j'en ai pleuré, ça dépassait vraiment les bornes.

— Ça alors ! Quel sans-cœur !

— Quand j'y pense, je me sens complètement démunie.

O-Machi avait commencé à se frotter les yeux avec les manches de son vêtement de nuit. Faute de trouver quelque chose à dire qui pût la consoler, Kohana baissa la tête et se mit à soupirer, elle aussi ; puis, comme si elle venait d'avoir une idée :

— Et O-Haru, où est-elle ?

— Tu as besoin d'elle ?

— Non, mais la maison est si calme…

— Elle n'est plus ici. Je l'ai renvoyée chez elle hier soir. Que veux-tu ! Au prix où est le riz, comment veux-tu garder une servante, si la maison ne tourne pas ?

— C'est vrai ! Tout de même, ce silence est pesant ! Maman est sortie ?

— Elle est allée voir le devin d'Otowa. Elle sera là d'un instant à l'autre. Il paraît qu'il est très fort.

— Grande sœur, alors, tu vas vraiment reprendre le métier ?

— C'est pour ça que j'ai envoyé maman prendre conseil. De toute manière, je ne serai pas prête pour le début de l'année ; on est pratiquement à la Saint-Sylvestre, tu sais.

— Grande sœur, ce serait où… dans quel district ?

— Quoi qu'il en soit, ici, dans le quartier, ce ne sera guère commode, tu sais. Jusqu'à maintenant, tout le monde me donnait du : « Patronne, patronne ! ». Si je reprends le métier par ici, ce sera dur d'aller me présenter à droite et à gauche. Où pourrais-je bien aller ? Ushigome, mais j'y ai déjà officié…

— Moi aussi, je veux changer de quartier. Tu veux que je te dise, je me sens toute démoralisée…

— Mais enfin, tu n'y penses pas ! Tu as supporté un tas de choses pour en arriver là ! Tu te rends compte qu'une maison facile à vivre comme celle où tu es maintenant, tu auras beau chercher, tu n'en trouveras pas. C'est pratiquement toi, la patronne.

— C'est bien pour ça que j'ai supporté ce qui s'est passé. Sinon, grande sœur, jamais je n'aurais pu demeurer dans ce quartier. Tu sais, encore maintenant, que ce soit au bain public ou chez le coiffeur, je me sens horriblement mal à l'aise ; dès qu'il y a des consœurs, j'ai toujours l'impression de me faire dévisager.

A l'évocation de cette affaire d'arrestation, la sœur aînée ne sut répondre que par un soupir.

— Il s'en passe de drôles de choses dans le monde. Sais-tu, grande sœur, que la patronne, chez nous, elle va épouser son protecteur dès le début de l'an prochain. Il va même l'inscrire officiellement sur son registre d'état civil.

— Mais alors, que va-t-elle faire de sa maison de geishas ?

— Je me le demande. En tout cas, depuis avant-hier, ils sont partis tous les deux à Atami. C'est comme ça que je suis seule à la maison avec la servante.

La pendule se mit à sonner les quatre heures. Rangeant son étui à cigarettes dans sa ceinture, Kohana déclara :

— Maman tarde trop. On a beau dire, mais je ne peux pas rester à muser dehors trop longtemps. Je rentre un peu et je reviendrai te voir plus tard.

Au moment où elle se levait, la cloison donnant sur la porte de service fut ouverte précipitamment ; c'était leur mère. Debout, sur le seuil, sans même enlever ses socques :

— O-Machi ! Dépêche-toi ! Le patron est là, avec le client de Hana, en train d'acheter des cigarettes au débit de tabac du coin. Ils ne sont pas venus ici ?

Plutôt que de répondre non, Kohana se leva en vitesse et, poussant de côté sa mère dans l'étroite porte de service, se précipita dehors pour gagner la grand-rue par un chemin de traverse ; elle se retrouva pile en face d'Aizawa, le patron de l'Unrindo, et d'Uzaki, déjà en route vers Kudan.

— Patron, vous passiez comme cela, sans entrer ? Vous aussi, Maître, quelle inconstance !

Kohana était si agitée qu'elle en avait la voix tremblante mais Unrindo ne se départit nullement de sa sérénité.

— J'accompagnais le maître jusqu'à l'arrêt du tram et j'avais l'intention de passer ensuite. En ces périodes de fin d'année, on aurait beau avoir plusieurs corps, on n'y suffirait pas.

— O-Machi se fait énormément de souci, patron !

— Maître, me voilà bien embarrassé. Que puis-je faire ?

— Prenons donc congé ici même. Ne t'inquiète pas pour moi.

— Mais non, c'en est trop ! Je vous en prie…

Terrifié comme de bien entendu, Uzaki était résolu à ne plus jamais mettre les pieds dans une maison de rendez-vous mais il était tout aussi gênant d'être vu dans la rue avec cette Kohana qui lui tournait autour ; pour éviter le regard d'autrui, il tourna rapidement dans une ruelle transversale. Ce faisant, il se trouva nez à nez avec O-Machi venue à la rencontre de la compagnie en empruntant la rue Neuve entièrement bordée des deux côtés de maisons de rendez-vous. N'ayant changé que sa veste courte pour un surtout plus convenable, cette dernière maintenait les pans de son kimono de nuit qui menaçaient de bâiller car elle arrivait en courant.

— Maître, je vous remercie pour votre visite de la dernière fois…

A peine eut-elle prononcé ces mots qu'elle s'avisa de leur incongruité ; cette *dernière fois* n'était-elle pas taboue ? Aussi, changeant de registre :

— Maître ! Maître ! Veuillez donc condescendre à venir prendre une petite tasse de thé.

Alors qu'à l'entrée de toutes les maisons de rendez-vous du quartier on s'affairait déjà, vu la brièveté des journées d'hiver, à arroser d'eau fraîche les pierres de l'entrée ou à renouveler les petits tas de sel purificateur, la porte de la maison Yukai restait obstinément close, comme s'il se fût agi d'une demeure abandonnée dont seul le luminaire dans la rue signalait piteusement le nom ; le saule défolié par la sécheresse de l'hiver venait parachever l'aspect de solitude et de désolation.

— Là, on a beau dire, mais on est en contravention avec la loi. Quant à nous faire passer par la porte de service, ce serait par trop inconsidéré ! O-Machi, tu ne connaîtrais pas un endroit où nous pourrions nous détendre ? La maison d'en face, par exemple ?

Planté là, Unrindo s'était retourné vers le lumignon au nom de Satsuki.

— Aujourd'hui, je n'ai guère le temps…

— Même pour une simple tasse de thé, ce serait trop impoli… Voyons, Hana, tu n'aurais pas une idée ?

— Pourquoi pas la Meigetsu, juste à côté de ma maison ?

Quoi qu'il en fût, ils ne pouvaient rester à ergoter ainsi devant l'entrée de service ; Uzaki et Unrindo s'engouffrèrent donc, bon gré mal gré, dans la porte demeurée grande ouverte. Mais comme les volets du premier étage devaient être hermétiquement clos pour témoigner du respect de la mesure d'interdiction, tout le monde s'entassa finalement tant bien que mal autour du brasero de la pièce de réception.

Pour qui venait du dehors, l'obscurité ambiante s'en trouvait encore renforcée, au point de rendre indistincts les visages. Repris sur-le-champ par le souvenir du hourvari de cette nuit-là et de la pénombre du commissariat, Uzaki fut parcouru d'un frisson et resserra autour de son cou le col de sa houppelande qu'il n'avait pas quittée. Aizawa remua les cendres du brasero :

— O-Machi, tu ne pourrais pas ranimer ces braises ? Et puis, mets du saké à chauffer tout de même !

Sans protester en entendant ces paroles ni tendre la main pour prendre la tasse de thé offerte par Kohana, Uzaki était plongé dans de profondes réflexions.

Tout en étant en proie à la terreur, il se repassait le film des événements qui s'étaient succédé et commençait soudain à trouver tout cela bien étrange.

Kan et lui, tous les deux rudement arrachés au premier étage de cette maison pour être emmenés au commissariat sous un de ces déluges de début d'hiver, la nuit passée au dépôt qui avait eu pour résultat la fuite de Choko assortie d'une lettre d'adieu ; à la suite de quoi, il avait été amené à devenir un habitué de la résidence Osuga. Or, un mois ne s'était même pas encore écoulé depuis qu'il avait commencé à fréquenter la famille Osuga ; pourtant, en ce moment même où l'année touchait à sa fin, la route de la réussite sociale s'ouvrait devant lui, amorçant enfin un tournant dans sa destinée qu'il n'aurait jamais osé espérer, même en rêve. Au train où allaient les choses, il se demandait quelle nouvelle bonne fortune les dieux lui réservaient pour l'année à venir maintenant toute proche. N'était-ce pas étrange au-delà de toute expression ?

Cela s'était passé quelques jours plus tôt. Maître Kaiseki avait reçu inopinément une lettre du vieil Osuga qui lui faisait savoir que, suite à des carences en personnel à affecter à l'expertise des trésors en mobilier de sa maison, le marquis Ashikaga aurait beaucoup apprécié pouvoir effectuer l'emprunt de son très éminent disciple, Uzaki Kyoseki, afin de le préposer, en tant qu'employé extraordinaire, au bureau de l'intendance domestique de la maison marquisale ; qu'il lui serait, de plus, agréable de connaître l'opinion personnelle du maître à ce sujet et qu'enfin, si par un heureux hasard, son blanc-seing était accordé, il priait le maître d'avoir l'obligeance extrême de véhiculer cette demande aux oreilles de l'excellent Kyoseki et surtout de faire en sorte que cette proposition aboutît favorablement ; à la suite de quoi, Kaiseki l'avait sondé : « Kyoseki, qu'as-tu l'intention de faire ? » Comme Uzaki l'avait assuré loyalement qu'en toute chose il ne saurait que s'incliner devant ses directives, Kaiseki n'avait eu, de son côté, aucune objection particulière à formuler. Le jour même, Uzaki s'était rendu à la résidence Osuga pour présenter ses remerciements les plus profonds. Au cours des deux ou trois entrevues qui avaient suivi le banquet du premier soir, le vieil Osuga avait complètement mis à nu le personnage méticuleux et pusillanime d'Uzaki ; sûr de pouvoir se reposer sur lui, il avait décidé d'utiliser cet homme qui lui serait entièrement dévoué pour l'administration de la mise en vente aux enchères des trésors de la maison marquisale récemment décidée au cours d'une réunion à caractère secret. Sans que la très ancienne famille Ashikaga ait été consultée, cette vente aux enchères avait d'ailleurs déjà défrayé la chronique au cours de l'automne précédent, à la suite d'une rumeur lancée par des antiquaires et des brocanteurs ; Osuga avait alors lui-même opposé un démenti formel. En fait, c'était lui qui était à l'origine de cette manœuvre dont l'objectif était de faire de cette vente aux enchères sa plus grosse rentrée d'argent, de celles que l'on ne réalise qu'une fois dans une vie. Il s'agissait donc, en fait, pour lui, d'une part de mettre sur les charbons ardents tout le petit monde des marchands d'antiquités en procédant à une mise en condition de l'opinion publique par des bruits sans fondement et, d'autre part, de subtiliser dans le trésor du marquis tout ce qui était susceptible de l'être à l'occasion d'expertises préliminaires effectuées par des hommes à sa solde, pour ensuite inclure les objets volés dans sa propre collection. En effet, ses ancêtres avaient depuis toujours fourni l'illustre famille Ashikaga en médecins personnels ; ils avaient donc reçu de nombreux objets de valeur en reconnaissance des services rendus, si bien que même dans l'éventualité d'un début de suspicion, il serait toujours possible de brouiller les pistes et de s'en tirer avec une justification valable. Sans cesse sur la brèche ces derniers temps pour recruter des personnes dévouées et discrètes qu'il pût utiliser comme hommes de main, dès qu'il eut vu Uzaki, Osuga lui avait, comme on dit, « planté au pied la flèche au blanc empennage » qui le distinguait des autres. Aussi ignorant que la rosée du jour qui vient de naître, Uzaki ne pouvait que se sentir éperdu de reconnaissance, confondu d'honneur devant la proposition qui lui était faite, un traitement mensuel de soixante yens de la maison marquisale assortis de quarante yens payés directement par Osuga qui lui avait demandé, par la même occasion, d'établir le catalogue des objets de collection de sa propre maison et confié quelques autres menues tâches. Voilà pourquoi, bien qu'il ait été convenu qu'il ne commencerait son service que le cinquième jour de la nouvelle année, la veille, il était allé sans attendre déposer sa carte de visite à la résidence de l'intendant Sekiyama à Yotsuya-Sakamachi tandis qu'aujourd'hui il était allé se présenter au bureau de l'intendance de l'hôtel marquisal sis à Sadohara ; sur le chemin du retour, après avoir descendu le raidillon qui bordait le mur de terre entourant la propriété, il avait débouché au bord des douves du palais impérial, à proximité de la galerie Unrindo, et avait pensé y entrer pour une simple visite de courtoisie parfaitement sans objet ; ce fut le moment qu'avait précisément choisi le patron Aizawa pour sortir, si bien que, de fil en aiguille, ils avaient, tout en devisant, traversé Shinmitsuke pour se faire finalement repérer par Kohana alors qu'ils venaient juste de déboucher sur la chaussée du tramway à Fujimi-cho.

Uzaki avait, bien entendu, gardé la bouche hermétiquement close sur le fait que la vente aux enchères aurait probablement lieu en mars ou en avril du printemps prochain, mais Unrindo n'avait cessé de parler de ses propres projets. L'un d'entre eux consistait à mettre sur pied une salle de vente directe d'expositions de nouvelle peinture contemporaine qui aurait le statut de société anonyme ; en effet, il était prêt à y investir les quelque dix mille yens qu'il avait gagnés depuis octobre dernier dans l'agiotage des titres de la Compagnie sucrière et des Filatures et un bailleur de fonds s'était manifesté en province ; il prévoyait de l'installer à Ginza ou à Hirokoji avec un programme de souscription d'actions commençant dès le début de l'année à venir. Dans cette éventualité, il avait pensé à maître Uzaki pour superviser les acquisitions en matière de nouvelles peintures.

Bien qu'il fût ainsi accueilli, où qu'il allât, par des volées de petits gâteaux de riz enrobés de pâte de fèves, de bon augure, Uzaki ne pouvait se défendre d'éprouver une certaine appréhension : si, maintenant que son escarcelle impécunieuse avait soudainement pris du poids, il s'enhardissait au point d'aller boire tant et plus et où il le voulait, un mauvais génie n'allait-il pas encore lui jeter un de ces sorts qui le précipiterait dans les durs réveils où tout se dissipe en fumée ?

A s'entendre proposer : « Maître, en guise de thé, un bon coup de saké ! » Uzaki reprit pour la première fois ses esprits et promena son regard autour de lui avec un nouveau sens des urgences.

Tandis qu'ils se trouvaient tous à échanger des coupelles de saké, une conversation animée se déroulait encore une fois entre les femmes ; Kohana et sa mère débattaient avec O-Machi de la meilleure maison où l'on pourrait aller sans toutefois arriver à une conclusion; Uzaki saisit l'occasion pour planter là Unrindo en déclarant : « Pour aujourd'hui, de toute manière... » et quitter le bureau de réception de cette maison Yukai frappée d'un interdit de commerce; mais, comme il avait fini par boire, mine de rien, une bonne mesure de ce saké dont il raffolait malgré tout, ce fut avec les yeux bordés de rouge qu'il s'en alla.

Avec l'air de n'avoir pas encore décidé si elle allait le quitter à la porte ou le suivre, Kohana enfila à tout hasard ses socques de bois dans l'entrée de service, en déclarant :

— Monsieur U, vous prenez votre tramway à Kudan, n'est-ce pas? Moi, je rentre à la maison, alors on peut toujours aller ensemble jusque-là. Très cher! je sais que ce n'est guère reluisant, mais nous pourrions passer par les ruelles. Ainsi, vous ne serez pas embarrassé de m'avoir avec vous.

Même avec Kohana sur les talons, maintenant qu'ils avaient quitté la maison Yukai, Uzaki se disait qu'il était sauvé; ce fut donc sans afficher trop d'embarras qu'il se laissa mener de nouvelle rue en nouvelle rue – tout ce chemin fut d'ailleurs parcouru pratiquement sous les avancées des toits de maisons de rendez-vous identiques les unes aux autres – jusqu'au petit porche d'une certaine maison devant lequel stationnaient deux pousse-pousse avec leur capote relevée. Cette nouvelle rue était si étroite qu'il n'était pas possible de passer sans enjamber les limons posés sur le sol; Uzaki s'était à peine arrêté, le temps de réfléchir sur la conduite à tenir, qu'au même moment, dans un roulement de porte à claire-voie, un couple surgit. En proie à la peur d'être remarqués, l'homme et la femme bondirent plutôt qu'ils ne montèrent dans les pousses. De son côté, Uzaki, que cela n'intéressait pas davantage d'être vu dans un lieu pareil, fut si surpris qu'il battit en retraite et du même coup heurta Kohana qui, non prévenue de la manœuvre, s'était déjà avancée d'un pas. Il n'en fallut pas plus pour compromettre l'équilibre d'un Uzaki passablement ivre qui, par contrecoup, s'en vint tituber en avant et bousculer le limon d'un des pousses. Le frêle véhicule en fut tout ébranlé ; son marchepied se déroba au pied de la femme qui s'y posait à l'instant pour s'élancer : poussant un cri, elle se retint à la capote. Au cours du remue-ménage qui s'ensuivit, le châle dans lequel elle avait pris soin d'enfouir la moitié de son visage glissa pour atterrir sur le vieux couvre-chef d'Uzaki. Echangeant malgré eux un regard, ils n'eurent, tous deux, que le temps de proférer un « oh ! » avant qu'elle ne disparaisse en un éclair au fond de la capote, signal attendu par le pousse pour s'ébranler sans plus tarder.

— Monsieur U ! Eh bien, qu'avez-vous ?

Devant l'air parfaitement hébété d'Uzaki qui regardait s'éloigner le pousse, la bouche béante comme un arriéré mental, Kohana s'inquiéta :

— Vous n'êtes pas blessé tout de même ?

Uzaki se remit à marcher mais conserva à la main le chapeau qu'il avait ramassé.

— Oh là là ! C'est bien ma veine ! Je suis vraiment tombé sur la personne qu'il ne fallait pas ! Je m'étais pourtant bien juré de ne jamais remettre les pieds par ici ! C'est trop tard désormais !

Dans les yeux qui fixèrent alors Kohana, des larmes perlaient, des larmes mais aussi une nuance de colère indicible. Si elle ne comprenait pas très bien de quoi il retournait, au vu de l'air sombre d'Uzaki, Kohana s'enquit le plus timidement du monde :

— Cette dame, vous la connaissez ?

— Si je la connais ?... Mais c'est catastrophique ! Maintenant qu'elle m'a vu avec une geisha, je suis dans une situation intenable !

— Tiens, mais très cher, n'était-elle pas elle-même en galante compagnie ? Cliente d'une maison de rendez-vous ! Cette tête qu'elle a faite quand elle vous a vu !

— L'homme, comment était-il ? Ce n'était pas un vieillard avec une barbe blanche ?

— Pensez-vous ! Un homme jeune et bien fait, avec des lunettes cerclées d'or.

— Hum !

Uzaki s'arrêta, la tête penchée en signe de perplexité.

La dame qui était montée dans le pousse était la jeune seconde épouse d'Osuga Akimasa. Uniquement préoccupé de sa propre réputation, Uzaki avait totalement oublié de se représenter la situation de l'autre mais, tout bien considéré, celle-ci était pour le moins insolite. Que pouvait-elle bien aller faire à cette heure dans une maison de rendez-vous ? Et ce jeune homme qui l'accompagnait, qui était-il ? S'arrêtant une nouvelle fois, Uzaki se retourna en direction de l'établissement en question mais il n'y avait aucune raison qu'on y pût encore voir le pousse ou quoi que ce fût d'autre. Sans s'en apercevoir, ils avaient changé de rue et marchaient maintenant dans une autre venelle. Quand il s'en rendit compte, il avait déjà le regard levé pour constater que l'aspect de ces grands arbres qui avançaient assez loin leurs branches par-dessus le mur de pierre ne lui était pas inconnu, et pour cause ! Ils étaient parvenus à la venelle où se trouvait la maison qu'il avait habitée pendant dix ans, jusqu'à son déménagement de l'automne dernier à Shiba.

— Très cher, je suis presque arrivée. Venez donc prendre quelque chose. Comme je suis distraite ! C'est vrai que ma maison fut d'abord votre maison. Ça tombe bien ! La patronne est à Atami, je suis seule avec la bonne. Vous avez bien un petit moment, voyons !

Le soleil d'hiver entamait son crépuscule ; c'était cette heure étrange entre chien et loup, à la fois lumière et pénombre, où l'œil est attiré par l'éparpillement des points lumineux. Ecartelé entre une stupéfaction renversante, l'inquiétude et le doute, Uzaki était la proie d'un intense chaos mental, impression ineffable proche du rêve. Privé même de l'énergie de libérer d'une secousse cette manche de kimono par laquelle on le tirait, c'est en personnage absolument sans vie, obéissant servilement à Kohana, confus et distrait qu'Uzaki pénétra dans son ancienne demeure.

XVIII

Ce soir-là, Uzaki rentra chez lui relativement de bonne heure, vers huit heures. Le corps aussi fatigué que l'esprit, il était à peine neuf heures quand il demanda à O-Kei de préparer la literie ; au moment même où il allait se coucher, une voix inconnue :

— Veuillez m'excuser !

Partie voir qui cela pouvait bien être, O-Kei revint bien vite avec la carte de visite d'une personne dont le nom ne lui dit rien.

— Ce ne serait pas une erreur ?

— La personne a bien dit qu'elle désirait voir maître Uzaki…

— Hum… vraiment, quel genre de personne ?

— Un jeune homme au teint clair avec des lunettes et un costume occidental.

— Comment ? Un jeune homme avec des lunettes ?

Inconsciemment, il avait élevé la voix, mais ne voulant pas mettre la puce à l'oreille à sa femme :

— Fais-le donc entrer. Conduis-le au premier.

Précédant le visiteur, Uzaki se hâta de monter pour l'attendre. O-Kei l'introduisit bientôt. Agé de vingt-sept, vingt-huit ans, vêtu d'un complet-veston, c'était un homme au teint clair dont les cheveux séparés par une raie étaient luisants de brillantine.

— Enchanté de faire votre connaissance…

— Enchanté. Uzaki, pour vous servir…

— J'étais jusqu'à l'an passé… eh bien, j'étais étudiant à demeure à la résidence de M. Osuga.

— M. Osuga…

— C'est cela…

Ils se turent. Semblant craindre la lumière tout autant l'un que l'autre, ils détournèrent leurs regards, puis, l'air de n'y plus tenir, se regardèrent à nouveau, à la dérobée. Enfin, comme s'il était acculé, la voix légèrement tremblante, l'homme au teint clair déclara dans un souffle :

— Je viens pour une raison précise. Aujourd'hui, comment dire… en chemin sur votre passage… j'ai commis une grande impolitesse… je suis venu vous prier de m'en excuser. C'est bien peu de chose, mais veuillez accepter…

Joignant le geste à la parole, il retira de son fourre-tout une boite mince en paulownia qui semblait contenir un bon d'achat et la fit glisser jusque devant Uzaki.

— Comment donc ! C'est à moi de vous présenter mes excuses… je ne saurai accepter… vous m'embarrassez… Je vous en prie, veuillez reprendre…

— Je n'en ferai rien. Vous me plongez dans l'embarras. Je vous en prie… s'il vous plaît !

— Mais je n'ai nullement mérité de rien recevoir de tel…

— Mais si, je vous en prie, ne protestez pas !

La voix de plus en plus tremblante, l'homme lui présentait frénétiquement la boîte en paulownia ; pour finir, il s'inclina très poliment devant Uzaki, les deux mains sur le tatami et, relevant la tête, le fixait maintenant d'un regard presque hargneux. Avalant sa salive, Uzaki recula son coussin autant qu'il put :

— Vous m'embarrassez.

— Je vous en prie, je vous en prie.

— Vous m'embarrassez. Vous m'embarrassez.

— S'il vous plaît. S'il vous plaît. Tant que vous n'aurez pas accepté, je ne pourrai rentrer chez moi. Je ne pourrai rentrer… Je vous en prie, je vous en prie.

Son attitude frisait la démence. Finalement, en désespoir de cause, Uzaki :

— Je ne comprends absolument pas de quoi il retourne. En tout cas, puisqu'il en est ainsi, je vais garder ceci en dépôt.

L'air enfin rassuré, l'homme :

— Je reviendrai vous voir. Restons-en là pour aujourd'hui. Vous n'avez rien vu. Vous ne savez rien. Je vous remercie pour tout.

Puis il sortit. Au moment d'ouvrir la porte à claire-voie, il répéta :

— Merci pour tout.

Il n'eut pas plutôt franchi la porte du temple qu'il sembla se précipiter pour dévaler à toute vitesse les marches de pierre.

Comme il avait pour habitude de ne jamais informer sa femme des rentrées d'argent imprévues qu'il s'empressait d'aller déposer en secret sur son compte en banque, Uzaki rangea, ce soir-là, dans le tiroir de sa table de travail la boîte encore enveloppée de son papier-cadeau qu'il avait été contraint d'accepter; puis il regagna la pièce du rez-de-chaussée où la literie de toute la famille était déployée mais il ne réussit pas à trouver le sommeil. Vers deux heures du matin, il se leva pour aller au cabinet et profita de l'occasion pour se rendre subrepticement au premier étage où, ayant sorti la boîte mince du tiroir, il en vérifia le contenu; rassuré à la vue d'un bon d'achat de cinq yens établi au nom d'une pâtisserie de

Kudanshita, il allait refermer la boîte pour la ranger quand il la fit tomber par mégarde et crut apercevoir quelque chose ressemblant fort à un billet de banque glissé sous le bon d'achat. N'en croyant pas ses yeux, il reprit la boîte en main et découvrit effectivement un billet de cent yens au fond ; il n'y en avait d'ailleurs pas qu'un seul mais deux et même trois. Tirant de toutes ses forces sur le fil du plafonnier pour le faire descendre à la limite de la rupture, il examina les billets sur toutes leurs faces mais il semblait bien que ce n'étaient pas de fausses coupures placées là pour plaisanter. Soudain pris de peur, Uzaki jeta un regard circulaire autour de la pièce et resta là, ahuri, pendant quelque temps.

Il eut beau se recoucher, il ne parvint pas à s'endormir. Ce ne fut qu'à l'aube, au moment où la lumière du jour remplaçait l'électricité, qu'il réussit enfin à tomber dans une certaine somnolence ; quand il ouvrit les yeux, les enfants étaient déjà partis à l'école depuis longtemps, il était huit heures. Dès qu'il eut avalé son petit déjeuner, Uzaki serra contre lui sous son kimono le bon d'achat et les trois billets de cent yens et courut comme un dératé jusqu'au portail de la résidence Osuga à Sugamo ; une fois là, il sembla se raviser et, après avoir passé et repassé un nombre incalculable de fois le long du mur d'enceinte, il prit la direction du magasin Unrindo à Ichigaya. Ne sachant de quel bois faire flèche, il lui fallait prendre conseil quant à la façon de régler cette affaire des trois cents yens ; comme ça, à première vue, il ne pouvait penser à personne d'autre qu'au patron de l'Unrindo, sans doute le seul parmi ses connaissances à ne pas faire d'embarras. Cependant, dans le tramway, il changea d'idée à nouveau et décida de se rendre directement à la maison de rendez-vous de la veille, là où il avait heurté le pousse. Il parvint à retrouver l'entrée de la rue Neuve qui ne lui était pas inconnue mais fut tout à fait incapable de reconnaître la maison ; il est vrai qu'il était alors dans un état de confusion mentale extrême et que, de plus, toutes ces maisons se ressemblaient étrangement. Puisqu'il en était ainsi, il ne restait plus qu'à demander à Kohana ; surmontant une légère hésitation, il en prit son parti et s'engagea dans la venelle qui le conduirait à la maison de cette dernière chez laquelle il avait passé quelques instants la veille.

C'était précisément le moment où Kohana, qui, selon toute apparence, venait de s'éveiller ouvrait les volets du premier étage sans se préoccuper de sa tenue négligée à la ceinture étroite et regardait ce qui se passait dans la rue. A part la carriole du raccommodeur de tuyaux de pipe en bambou qui se signalait en jouant de la flûte, les passants étaient rares si bien qu'Uzaki fut immédiatement repéré.

— Oh, quelle heureuse surprise ! Venez vite ! Entrez !

Elle ne l'eut pas plutôt appelé qu'elle se précipita dans l'escalier pour aller lui ouvrir la porte à claire-voie de devant et l'accueillir elle-même. Comme Uzaki, pour lui donner le change, lui avait dit la veille, en partant : « Je reviendrai un autre jour ; aujourd'hui, j'ai beaucoup à faire, je dois m'en aller ; si je le peux, je reviendrai demain par exemple, c'est promis », en le voyant arriver ce matin, Kohana avait été instantanément transportée d'aise ; c'était vraiment un client respectueux de ses engagements, sur lequel on pouvait compter. Confondue de joie, sans éprouver la moindre honte devant la servante, elle s'agrippa au corps d'Uzaki qu'elle étreignit. Comme sa sœur aînée et toutes ces femmes vénales sans exception que l'on trouvait dans les districts de la haute ville, Kohana avait été levée à l'âge de quinze ou seize ans au plus par un courtier recruteur dans un quartier misérable de Honjo, Fukagawa ou Asakusa; faute de devenir ouvrière, elle était de ces filles prédestinées à devenir geisha. Quoi qu'il en fût, elle appartenait à cette engeance faite pour vivre une vie d'esclave se conformant aveuglément tant aux ordres et aux consignes de travail dispensées par la patronne de la maison qui l'entretenait qu'aux coutumes de son voisinage. Même si, dans l'ombre, elle se plaignait au point d'en devenir ennuyeuse ou récriminait sans raison, dans la mesure où on ne lui faisait pas de mal, elle était de ces femmes sottes et pusillanimes qui ne cherchent pas à réfléchir plus loin que le bout de leur nez. De la même manière qu'il peut arriver qu'un cheval bien dressé rue dans les brancards, il lui était arrivé de soudain s'enfuir ou se rebeller mais elle était de ces femmes qui, en fin de compte, même si elles vont ailleurs, finissent toujours par être une proie. Rompue à son commerce depuis de longues années, Kohana ne le trouvait maintenant ni pénible ni intéressant; un client était un client et elle n'établissait aucune distinction entre eux ; elle n'avait nulle préférence ni répugnance pour aucun, qu'il fût jeune ou vieux, beau ou laid; sa seule crainte concernait son avenir; c'est pourquoi elle aurait bien aimé avoir un client qui, même s'il ne payait pas de mine, serait vraiment le sien, lui permettrait d'être un peu elle-même et lui passerait un caprice de temps à autre. Dénuée de tout talent pour gagner de l'argent par la ruse, elle préférait aux clients dangereux qui se donnaient des airs et voulaient plaire à tout le monde, les clients sages et gentils. Elle se disait qu'en cas de réel ennui elle pourrait leur demander de l'argent de poche ; ses désirs étaient finalement très modestes. Voilà pourquoi elle n'avait pu s'empêcher de penser, quand elle l'avait rencontré pour la première fois à Hakusan, que maître Uzaki serait tout à fait ce qu'il lui fallait. Il est vrai qu'il n'était pas venu se distraire un grand nombre de fois ; qu'à cela ne tienne, il n'en était que plus fiable. D'ailleurs, n'était-il pas là aujourd'hui, respectant la parole donnée, et ne s'était-il pas donné la peine de venir la chercher jusque chez elle ? Kohana avait l'impression que son vieil espoir se réalisait. Elle était si heureuse qu'il lui semblait même que le fait d'avoir été arrêtée le jour où elle était avec lui ne pouvait être autre chose qu'un signe du destin. Submergée par ce sentiment, quand ils se furent assis face à face dans la pièce du premier étage, elle lui prit la main qu'elle appliqua avec force sur ses genoux :

— Monsieur U, je vous remercie du fond du cœur d'être venu. Aujourd'hui, soyez gentil de prendre votre temps. Je vais chercher le thé. Dites, mon très cher… si cette maison était vraiment la mienne et si vous en étiez le patron, comme je serais heureuse !

Uzaki, lui, se contentait de rouler des yeux tout autour de la pièce. Il se repaissait de l'apparence du premier étage beaucoup plus nette ce matin que lors de sa brève visite de la veille au soir. Tout ici n'était que traces de la vie qu'il y avait menée pendant dix années : depuis les marques de sa table de travail recouvertes par le coffre installé depuis peu par Kohana, jusqu'aux brûlures sur les tatamis, du papier chinois des cloisons coulissantes aux revêtements de protection des bas de mur sans oublier les éclaboussures de peinture un peu partout. Uzaki était plongé dans des pensées profondes quand il en fut tiré par le bruit des pas de Kohana qui revenait avec le thé. Ayant eu, l'espace d'un instant, l'impression qu'il s'agissait d'O-Kei, Uzaki se retourna instinctivement pour découvrir la Kohana de tout à l'heure qui s'était toutefois lissé les cheveux et maquillée légèrement au fard blanc avec une rapidité extrême. En comparaison avec le visage chevalin de sa femme dont les traits étaient aux yeux d'Uzaki inférieurs à la moyenne établie sur dix personnes, Kohana lui apparut étonnamment belle.

— Très cher, où voulez-vous que nous allions ? Juste à côté, à la Meigetsu ?

Silencieux, Uzaki regardait Kohana d'un air incrédule.

— Dites, ce serait agréable de prendre le temps d'un bon déjeuner.

Soudain, Uzaki :

— Comment s'appelait la maison d'hier soir, devant laquelle attendaient les deux pousse ?

— Là où vous avez trébuché ? C'est la maison Masumura. Depuis que j'ai fait mes débuts dans ce quartier, c'est là qu'on m'appelle le plus souvent. C'est une maison calme, une bonne maison.

— Tu la connais bien, cette maison ? Dans ce cas, ne pourrais-tu pas te renseigner discrètement sur les gens d'hier… le monsieur, ce qu'il fait…

— Vous parlez du couple illégitime ?

— Comment ça, illégitime ?

— Eh bien oui, la femme n'était pas une professionnelle.

— Pourquoi avoir recours à des maisons de rendez-vous ?

— L'amour n'est jamais à court de stratagèmes. Si l'on veut se retrouver, on n'a pas le choix. On est tous logés à la même enseigne.

— ...

— La maison est tenue uniquement par la patronne déjà âgée et sa fille. C'est pourquoi elles reçoivent beaucoup ce genre de clientèle. Comme, par exemple, des jeunes filles de bonne famille qui viennent là avec le chauffeur. Par les temps qui courent, les dames et les demoiselles sont bien plus intrépides que les geishas.

— C'était donc ça ! J'en suis encore tout abasourdi.

— Je me renseignerai habilement. Tenez, ce serait bien que vous m'y accompagniez comme client, sans rien dire.

Relevant et abaissant les yeux d'un air angoissé, Uzaki serra très fort les trois cents yens sur sa poitrine et finit par baisser la tête.

— Je vais me changer. Attendez-moi un instant.

Déjà debout, Kohana ouvrait un tiroir de sa commode. D'une voix assourdissante, elle appela la servante :

— O-Saku ! Je ne trouve pas mes socquettes.

XIX

Peu après le jour de l'an, conformément à la rumeur et pour son bonheur, la patronne de la maison Shinkame-Chiyofuji, la maison de Kohana, s'en fut vivre chez son protecteur. Alors que, depuis sa rupture avec Unrindo, O-Machi, sa sœur aînée, vivait dans l'oisiveté à l'étage d'une maison ordinaire, Kohana réussit à la convaincre de venir travailler avec elle qui avait entre-temps obtenu, à titre de prêt, le droit de garder l'enseigne. Les fonds étaient constitués par les trois cents yens dont Uzaki ne savait que faire et les deux cents yens qu'O-Machi avait reçus d'Unrindo au moment de leur rupture. En effet, Uzaki avait eu beau y réfléchir tant et plus, ces trois cents yens le mettaient mal à l'aise et, renonçant pour une fois à sa ladrerie coutumière, il les avait donnés avec munificence à Kohana, ce qui équivalait pour lui à les jeter par la fenêtre ; mais il était désormais traité avec tous les égards dus au patron de la maison de geishas Shinkame-Chiyofuji et il y passait effectivement chaque jour au retour du bureau de l'intendance de la maison marquisale ou de chez les Osuga et, à l'insu de tous, venait vider un verre attablé devant le brasero rectangulaire à rebords.

La vente aux enchères des trésors de la famille Ashikaga avait finalement eu lieu à la fin du mois d'avril. Uzaki ne cessait de recevoir gratifications du bureau de l'intendance et libéralités de la famille Osuga. On devait y ajouter les pourboires versés par les antiquaires, à commencer par Kosuido en personne, et surtout la très importante récompense versée par Unrindo en témoignage de sa reconnaissance pour avoir été présenté à la famille Osuga. Avec les revenus occultes en provenance de la maison de geishas que les deux sœurs faisaient tourner sans problème, la morale de l'histoire, c'était qu'Uzaki avait désormais sa subsistance assurée même s'il gardait les bras croisés. Unrindo déployait maintenant ses activités du côté d'Asakusa. Après que Kan, pratiquement déshérité, eut été envoyé aux Etats-Unis pour y faire des études, le malheur fondit sur la pauvre Choko. Contaminée par Kan, suite à des symptômes d'une infection amniotique, elle dut subir à l'époque du jour des Morts une intervention chirurgicale et mourut à l'hôpital des suites de l'opération.

Achevé d'imprimer
sur les presses
de l'imprimerie Robert
200, avenue de Coulin
13420 Gémenos

Dépôt légal : septembre 1998